Inhalt

2 Einführung in das Heft
Esther Kaufmann, Meinulf Blechschmidt

3 Tag und Nacht
Wir rufen im Advent nach dem Licht auf unserer Erde. Eine adventliche Feier
Sr. Esther Kaufmann

12 Ein Licht leuchtet auf in der Dunkelheit
Familiengottesdienst zum 1. Advent
Sr. Esther Kaufmann

19 Bereitet den Weg
Familiengottesdienst zum 2. Advent
Sr. Esther Kaufmann

27 Bischof Nikolaus und das Kornwunder
Familiengottesdienst oder Nikolausfeier
P. Meinulf Blechschmidt

36 Da haben die Dornen Rosen getragen
Familiengottesdienst zum 3. Advent
Sr. Esther Kaufmann

45 Stroh und Stern
Wortgottes-Feier zum 4. Advent mit Schulkindern
P. Meinulf Blechschmidt

54 Der Weg nach Betlehem
Weihnachtsfeier für die Familie oder den Kindergarten
Sr. Esther Kaufmann

61 Bilder der Bildermappe
Zur Weihnachtsgeschichte
Christel Holl

63 Kurse und Fortbildungen
Kurse auf dem Weg der „Religionspädagogischen Praxis – RPP"

64 MitarbeiterInnen dieser Ausgabe

Einführung in das Heft

Advent – eine besondere Zeit, dicht und eng, zugleich eine weite Sehnsucht. Immer seltener ist sie eine Zeit des Wartens, oft ist es die „Weihnachtszeit“, die mit Weihnachten endet, dabei soll die Erwartung, die Vorbereitung des kommenden Festes sie prägen. Häufig wird die Weihnachtsbotschaft vorweg genommen. Halten wir das Warten noch aus? Lieder vom Kommen des Christkindes werden gesungen, Geschichten von der Verwandlung des Herzens werden vorgelesen, dass das Gute durch alle Dunkelheit doch noch siegen wird. In den Kindergärten und Schulen ist in dieser Zeit der Morgenkreis mit Erzählungen, Liedern und Gebeten wichtig.

In den Pfarreien bekommen die Gottesdienste im Advent einen besonderen Akzent. Sie werden oft auch besser besucht als das Jahr über. Familiengottesdienst- und Kindergottesdienstkreise machen sich Gedanken, wie sie die Adventszeit gut gestalten können.

Wir haben in dieser Ausgabe Gottesdienste und Feiern aufgeschrieben, die Anregungen geben für die Gestaltung in Kindergarten, Schule und Gemeinde, für Kinder, Jugendliche und Erwachsene in der adventlichen Zeit.

Welches Licht leuchtet von Weihnachten her? Wir „er-warten“ das Fest der Geburt unseres Herrn. Entsprechend sind die Themen des Heftes: Dunkelheit in unserer Welt, Warten auf das Licht, den Weg bereiten, eine Nikolauslegende, Wege gehen, von der Kraft des Lebens singen. Besonders kostbar ist uns die Hinführung zu Weihnachten für die Familie, in Abschnitten ganzheitlich gestaltet.

Wir wünschen allen, dass sie mit dieser Ausgabe einen Akzent setzen können gegen die Vermarktung des Brauchtums, dass sie in vielen Menschen das Herz anrühren, es öffnen für das Kommen von Jesus, der uns Heil und Leben bringt.

Wir danken dem Familiengottesdienstkreis unserer Seelsorgeeinheit und den Eltern, die mitgeholfen haben, die Gottesdienste zu gestalten. Wir danken Christel Holl, die die Bildmappe zur Weihnachtsgeschichte gestaltet hat.

Sr. Esther Kaufmann und P. Meinulf Blechschmidt

Tag und Nacht

Wir rufen im Advent nach dem Licht auf unserer Erde. Eine adventliche Feier

Sr. Esther Kaufmann

Hinführung

Unser Leben vollzieht sich im Wechsel von Tag und Nacht. Diesen Rhythmus kennen besonders unsere Kinder. Die Sonne ist das Licht des Tages. Sie weckt die Kinder, im Sommer schon früh. Wenn die Tage länger sind, hält sie die Kinder auch in Bewegung. Sie laufen, spielen, sind gerne draußen in der Natur, wenn sie nicht in einer städtischen Steinwüste wohnen. Es wird spät, bis die Nacht heraufzieht. Wann kommen sie ins Haus? So lange es hell ist, wollen sie nicht ins Bett. Doch die Eltern wissen, dass die Kinder den Schlaf brauchen.

» Sehnsucht nach dem „inneren" Licht

Gewöhnlich ist es auch so. Im Rhythmus der Natur, unseres Organismus stellt es sich ein, dass dann auch der Schlaf kommt, wenn es dunkel wird, der Mond und die Sterne leuchten. Wir ruhen aus. Es kann gut tun, den Tag loszulassen, die Arbeit aus den Händen zu geben, dem Körper und dem Geist Raum und Zeit zu „Erholung" zu geben, damit wir uns wieder „einholen".

Bei uns Erwachsenen ist dieser Rhythmus oft gestört. Wir machen die Nacht zum Tag, aber der Wechsel von Tag und Nacht hat Auswirkungen auf unser Leben.

Das Licht des Tages lässt uns oft aufatmen, manches Schwere wird leichter. Die Phantasien, die vorgestellten Ängste werden kleiner. In der Nacht können sich Fragen zu Sorgen und Problemen aufblähen, sie quälen uns. Wo ist der Ausweg? Bei Tag sieht manches nüchterner aus.

Es gibt auch Situationen, in denen der Tag für uns dunkel ist. Da lasten Not, Leid, Krankheit, Streit, Trennung und Tod auf uns. Wer bringt uns das Licht? Wir suchen es. Werden uns Menschen begegnen, die uns Licht bringen? Licht, das kann sein: zuhören, trösten, einfach da sein, ein gutes Wort sagen, mitschweigen, mitfühlen und verstehen. Und das kennen auch unsere Kinder, dieses Licht, das nicht der Himmelskörper ist, sondern das in der Seele leuchtet.

Wenn wir nun die Adventszeit beginnen, so sagen wir: Es beginnt eine „stille Zeit“ oder eine lichte Zeit, da wir viele Lichter entzünden und die Dunkelheit vertreiben. Da ist eine große Sehnsucht nach dem Licht in der immer dunkler werdenden Jahreszeit. Und dieser Ruf geht rund um die Erde, denn wir wissen um Armut, Not, Krieg, Streit und Tod – wir wissen um die Dunkelheit der Menschen.

In unserer elementaren Feier eröffnen wir den Kindern diesen Blick und zugleich die Hoffnung. Wir gestalten den Rhythmus unseres Lebens, die Sonne, die Nacht und die Sterne und dann das Haus, in dem wir wohnen. So ist unser Leben.

Wir gestalten danach etwas von dem Dunkeln, das wir auch kennen, das uns Angst macht und uns bedrücken kann. Wir denken an viele Menschen.

Mitten in dieser, in unserer Welt – in der unsere Sehnsucht nach dem Licht wach ist – verkünden wir die adventliche, frohe Botschaft: Gott verheißt uns Jesus, den Retter und Heiland. Er wird ihn senden.

Diese Botschaft ist nicht nur eine der Vergangenheit, sondern es ist unser Rufen, unser Warten, unsere Hoffnung – und Gottes Verheißung an uns. Bin ich bereit? Jeder weiß: Advent muss ich heute feiern, mich heute auf den Weg machen, heute anderen Licht bringen, heute hoffen.

Diese Feier kann als adventliche Feier im Kindergarten mit Eltern und Kindern gehalten werden. Sie könnte als Kindergottesdienst gefeiert werden oder auch in der Schule als Abschluss vor den Weihnachtsferien.

Die Weihnachtsgeschichte wird bewusst nicht erzählt, der Akzent liegt auf dem Warten der ganzen Erde nach dem Heiland und Erlöser, nach Jesus Christus.

Gestaltung

A. Tag und Nacht

1. Wir versammeln uns im Kreis – die Sonne geht auf

- Wir legen einen Reifen in die Mitte.

Ein neuer Tag hat begonnen. Wir sind wieder im Kreis versammelt.
Es ist Tag geworden, die Sonne scheint (oder macht uns selbst durch die Wolken hell), sodass wir einander anschauen können.

Wir schauen im Kreis: Wer ist da? Wir schließen den Kreis von Hand zu Hand.

- Kreisschluss mit den Händen

Die Sonne ist heute Morgen aufgegangen – wie alle Tage, und doch ist jeder Tag neu, ein Geschenk. Ich öffne mich für diesen Tag, für das Licht, das mir die Sonne schenkt.

- Langsam erheben alle ihre Arme.

Sie hat uns geweckt für einen neuen Tag. Wir können noch einmal richtig durchatmen, uns recken, das Licht einlassen, ... bis der Abend kommt, wenn die Sonne langsam untergeht, die Schatten länger werden, die Nacht heraufzieht.

2. So beginnt der Tag

- Die Tonleiter wird langsam auf dem Glockenspiel gespielt.
- Beim zweiten Mal wird ein gelbes Tuch langsam dazu entfaltet und hochgehoben.
- Dann wird das Ganze wiederholt und eingeleitet: Am Morgen ist es noch dunkel. Wir sind gebeugt, verschlossen. Es ist still. Noch ist es Nacht. Wenn dann die Sonne aufgeht, weckt sie uns, wir richten uns auf.
- Die Sonne, das gelbe Tuch, wandert durch den Kreis. Nacheinander richten sich alle auf.
- Das gelbe Tuch wird in den Reifen gelegt und entsprechend rund geformt.

Im Licht der Sonne leben wir, im Licht der Sonne sehen wir.

Wir lassen die Augen zufallen: Wer sitzt rechts neben mir? Wie ist die Person jetzt gekleidet? – Wer sitzt mir gegenüber?

Wir öffnen die Augen wieder und nicken der Person zu, die uns gegenüber sitzt.

3. Am Abend zieht die Nacht herauf
Tag und Nacht wechseln sich ab

- Alle spielen noch einmal die aufgehende und untergehende Sonne.

Wir schließen noch einmal den Kreis und lassen die Sonne aufgehen.
Langsam steigt sie empor, bis zum Mittag. Sie steht hoch am Himmel und leuchtet hell auf die Erde.

Dann wandert sie langsam dem Horizont zu. Der Tag vergeht, der Abend kommt. Die Sonne geht unter.

Wir wissen, wenn bei uns die Sonne hoch am Himmel steht, dann ist es auf der anderen Seite der Erde finstere Nacht.

- Eine Hälfte des Kreises beugt sich und senkt die Hände. Und dann im Wechsel:

Wenn wir schlafen gehen, uns zurückziehen, die Dunkelheit alles einhüllt – *langsam die Arme senken* – dann geht auf der anderen Seite der Erde die Sonne auf, sie weckt die Kinder, sie lässt die Vögel singen, sie zeigt den Weg. ...
(Den Wechsel von Tag und Nacht mehrmals wiederholen.)
So wechseln Tag und Nacht um die Erde.

4. Die Nacht zieht herauf

Wenn die Sonne untergeht, so sagen wir, dann zieht die Nacht herauf.

- Die Leiterin nimmt ein mittelblaues Tuch zu sich, dann werden nach rechts und links je zwei nachtblaue Tücher an die nächsten Personen ausgeteilt, dann je zwei schwarze Tücher nach rechts und links.
- Die Tücher werden jetzt von den betreffenden Personen entfaltet und vor ihnen gerafft abgelegt, sodass sie leicht ergriffen und empor gehoben werden können.
- Die Leiterin beginnt, sie nimmt ihr mittelblaues Tuch – gleichsam in der Mitte:

Wenn die Sonne untergeht, dann zieht die Nacht herauf. Der Himmel wird oft blassblau und dann dunkler.

- Es folgen rechts und links je die zwei nachtblauen Tücher.

Die Nacht dehnt sich aus über das Land. Es wird dunkler.

- Dann folgen rechts und links je zwei schwarze Tücher.

Die Nacht wird immer dunkler, sie hüllt alles ein. Du kannst nicht mehr weit sehen, du siehst den Weg nicht mehr. Schwarz ist die Nacht. Wenn die Nacht heraufzieht, gehen wir in die Häuser, ziehen uns zurück.

- Die Tücher werden ebenso nacheinander (dunkelblau, nachtblau, schwarz) um die Sonne abgelegt.

5. In der Nacht gehen die Sterne auf und wir träumen

Nach einem langen Tag können wir uns freuen, dass die Nacht heraufzieht.
Wir können die Arbeit loslassen, ausruhen, still werden.
Wenn wir nach Hause kommen, kann die Last des Tages abfallen.

Die Kinder aber möchten manchmal noch wach bleiben, die Nacht erleben, Geschichten hören, bis auch sie still werden und träumen.
Die Nacht stärkt uns für einen neuen Tag.

Wir können am Abend auch einmal aus dem Haus gehen, in den stillen, dunklen Abend. Vielleicht ein wenig vor das Dorf, auf einen kleinen Hügel vor die Stadt. Wir lassen die Häuser hinter uns, die ersten Laternen beginnen zu leuchten. Da aber sind wir allein.

- Alle schließen die Augen.

Es ist still. Ich träume davon: Ich stehe auf einem kleinen Hügel, es wird dunkel, blassblau der Himmel. Ich schaue zum Himmel empor.
Da – ein erster Stern, noch am blassblauen Himmel.

- Einen Ton mit dem Glockenspiel zart anschlagen.

Der blassblaue Himmel wird dunkler. Da leuchtet wieder ein Stern – *Glockenspielton* – und noch einer, und immer mehr Sterne leuchten am dunklen Himmel. – *Dazu einige Glockenspieltöne anschlagen, die die Stille und das Stillwerden unterstützen.*
Es werden mehr und mehr. Ich will sie nicht zählen. Ich stehe unter dem Himmelzelt, als wäre ich der Mittelpunkt. Ich schaue nach vorn, nach hinten, zur Seite: das Himmelszelt um mich. Ich schaue in die dunkle Nacht zum leuchtenden Himmelszelt. Wie groß und weit ist der Himmel! ...

- Alle öffnen wieder die Augen.

6. Sterne in die dunkle Nacht gestalten

- Alle gestalten einen Stern in die dunkle Nacht oder bekommen Strohsterne, die dann nacheinander in die dunkle Nacht gelegt werden.

B. Wir loben Gott, den Schöpfer

1. Wir leben auf unserer Erde im Rhythmus von Tag und Nacht

Wenn die Sonne aufgeht, gehen viele aus dem Haus. Es ist Morgen, ein neuer Tag. Wohin gehe ich? ...

Und irgendwann komme ich zurück. Ich gehe weg, von zu Hause fort und komme zurück nach Hause. Wo steht mein Haus? Wo wohne ich?
Steht es in der Sonne? Ist es dunkel oder freundlich, offen?

Ich gehe fort – öffne mein Haus – *Gestik: beide Arme öffnen* – ich gehe in den Tag hinaus.

Ich komme zurück. Was bringe ich alles mit nach Hause? – *Gestik: Arme weit ausladend wieder zusammenführen.* –

Ich berge etwas bei mir, ich sammle eine Fülle ein – aus dem Tag, von den Wegen, den Begegnungen.

Wir gestalten unser Haus um den dunklen Sternenhimmel. Ich wohne unter dem Himmel und im Licht der Sonne, Tag und Nacht.

- Jeder gestaltet sein Haus rund um die Erde. Dazu können Tücher ausgeteilt werden, auf denen gestaltet wird, oder es wird einfach um die Nacht herum gestaltet.

2. Wir danken Gott für unser Leben auf der Erde bei Tag und Nacht

- Die Kerze wird entzündet und um die Erde getragen, dann in die Mitte gestellt.

Wir danken Gott, dem Schöpfer des Himmels und der Erde, dass er uns die Erde geschenkt hat, dass wir leben dürfen unter der Sonne, dass er uns Tag und Nacht schenkt. (Lied S. 9, „Lobt Gott am Morgen, ...“)

Oder die Kinder stehen auf, schließen den Kreis und gehen um die Gestaltung. Sie können sagen, wofür sie danken. Der Kehrvers ist:

Auf, ihr Kinder

Text und Melodie:
Franz Kett

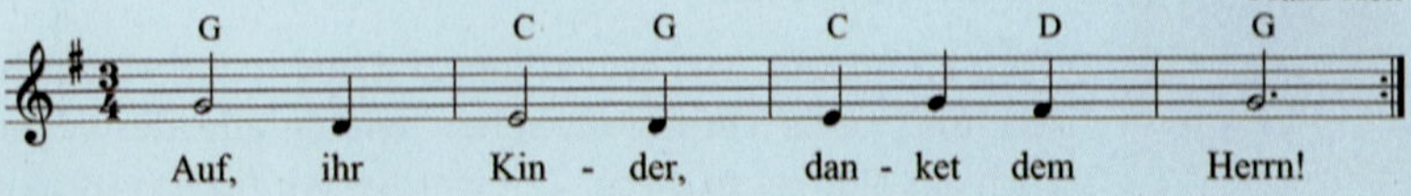

Danke für die Sterne in der Nacht. Ich freue mich, dass die Sonne scheint. – Ich habe ein Haus. – Ich habe Freunde, die zu mir kommen. – ...

C. Wir kennen auch Dunkelheit auf unserer Erde – am hellen Tag

Wenn wir am Tag, im Licht des Tages, unterwegs sind, dann kann es gut sein, dass wir Menschen begegnen, die nicht ausgeschlafen sind. Sie schauen nicht freundlich, sie sehen nicht die Blumen. Andere begegnen uns, die sind griesgrämig, schlecht gelaunt. Geht uns das manchmal auch so?
Wir haben gar keine Freude in uns, kein Leuchten der Sonne.
Wir treffen andere Menschen, die sich nicht freuen können.
Sind sie krank, haben sie Sorgen, sind sie arbeitslos, ... ?
Was haben sie Dunkles erlebt? Was macht unsere Erde dunkel? Da liegt etwas Dunkles zwischen den Häusern wie Streit oder Not. Da macht das Leben keine Freude, weil ... ?

- Wir gestalten neben unser Haus, also zwischen zwei Häuser, etwas vom Dunklen, von Gefahren oder Angst auf dieser Erde, von Krieg und Flucht, Härte und Enttäuschung, Streit, von Einsamkeit und Tod ...

D. Hinführung zum Advent

Der Sommer und der Herbst sind vorbei. Jetzt kommt wieder eine besondere Zeit, in der es früher dunkel wird. Die Tage werden kürzer, die Abende, die Nächte werden länger. Es ist viel dunkler. Die Sonne scheint nicht mehr so warm. Und doch freuen wir uns auf diese Zeit. Wenn es dunkler wird, entzünden wir gern Lichter. Es ist die Adventszeit.

Im Advent glitzern die Sterne, leuchten die Lichterketten, da riecht es nach Plätzchen und Lebkuchen, wir denken an Geschenke, die wir anderen schenken möchten oder die wir uns wünschen.

Doch im Advent, in dieser stillen Zeit, die so viel Herzlichkeit und Liebe verbreitet, sehen wir gerade deswegen auch das Dunkel. In dieser Zeit werden wir für das Dunkle um uns und für die Not anderer aufmerksamer als sonst. Wir rufen in vielen Liedern nach dem Licht. Wir beginnen neu zu rufen. Warum rufen wir? Worauf warten wir?

Da ist ein Licht, auf das wir warten, Jesus. Als er geboren wurde, kam ein Licht in die Welt. Auf ihn warten wir, ihn erwarten wir: das Licht der Welt.

Auf sein Licht schauen wir, dass es doch überallhin leuchte,
dass die Menschen hell werden und froh,
dass sie einander anschauen und nicht im Dunkel und in der Angst leben,
dass niemand am anderen vorbeigeht und ihn übersieht oder stehen lässt,
dass jeder spürt: Gott ist da und schenkt uns neues Leben.

Wir gehen durch den dunklen Advent und rufen nach Jesus, dem Licht.

- Eine kleine (Advents-)Kerze wird zu einem Stern auf dem Himmelszelt gestellt, vielleicht ist einer besonders groß gestaltet oder hat einen Kometenschweif (wie oft der Stern über Betlehem dargestellt wird).

Gott schenkt uns Jesus, der die Nacht erhellt,
Jesus, der mit uns geht, der bei uns ist,
der von Gott kommt und Mensch geworden ist:
Licht in dunkler Nacht, unser Friede.

Gebet: Dank und Bitte mit dem Ruf: Komm, Herr Jesus!

Text und Melodie:
Franz Kett

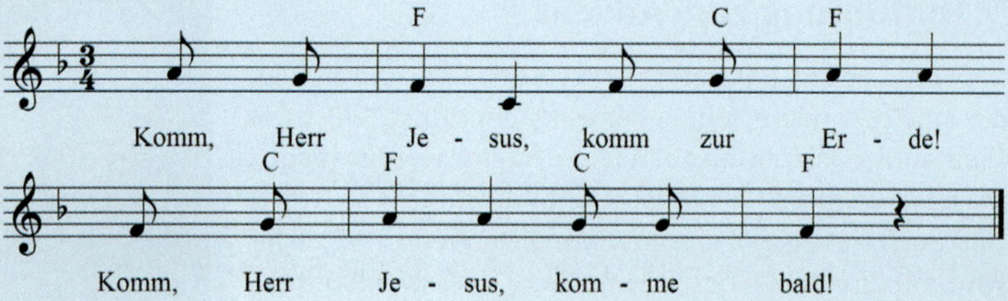

- Opferlichte werden für jeden entzündet und im Kreis weitergegeben, bis alle ein Licht haben.

Wir rufen im Advent nach dem Licht, das uns erschienen ist, auf das wir uns immer wieder freuen dürfen, dem wir uns zuwenden. Wir rufen nach Christus, dem Licht von Gott. Es wird uns eine Zeit geschenkt, dass wir ihm neu entgegen gehen können, damit er in uns aufleuchte und der Welt Frieden und Befriedung bringt.

- Jeder kann einen Dank oder eine Bitte sagen und das Licht in die Nacht, zu dem Dunkel zwischen den Häusern oder in sein Haus stellen.
- oder wir beten gemeinsam und stellen unser Licht in das Dunkel.

Material

Reifen; Tücher: 1 gelb, 1 hellblau, 2 mittelblau, 2 nachtblau, 2 schwarz; Material zum Gestalten der Sterne oder kleine Strohsterne; bunte Tücher und Material zum Gestalten von Häusern; Kerze, Opferlichte für alle

Ein Licht leuchtet auf in der Dunkelheit

Familiengottesdienst zum 1. Advent, Mt 4,12–17

Sr. Esther Kaufmann

Hinführung

Der erste Adventsonntag hat Lesungen, die von der Dunkelheit der Menschen und der Erde erzählen, vom Menschen, der wie das Gras blüht und dann so schnell verwelkt, der wie Laub vom Wind umhergetrieben wird. Warum? Weil wir uns nicht „formen" lassen. Denn der Mensch ist wie Ton in der Hand des Töpfers. Die Formung ist nicht die Perfektion eines schönen Gefäßes, „das sich sehen lassen kann", sondern wach zu sein für Gottes Kommen in die Zeit, in das eigene Leben. Der Ruf: „Wachet!" soll uns formen, uns ins Herz geschrieben sein. Ausdrücklich ist der Ruf zur Wachsamkeit in die Nacht hineingerufen, wenn wir also eher schlafen würden. Die Nacht soll nicht über uns herrschen.

» Warten auf das Licht

Darum setzen wir diesen einen, besonderen Akzent: Wir warten in der Dunkelheit auf das Licht.

Dunkelheit hat viele Gesichter in unserer Welt und in unserem Leben. Sie wird gerade im Advent oft und leicht verdrängt vom Lichterglanz in den Kaufhäusern, an den Straßen, auf den Märkten und in den eigenen Fenstern.

Wir wollen zu Beginn der Adventszeit die Wirklichkeit unseres Lebens nicht verdrängen, sondern ernsthaft in die Welt schauen und das Rufen nach dem Licht, die Sehnsucht nach dem Guten und nach Gemeinschaft bewusst wahrnehmen und ins Gebet bringen.

Dieser Gottesdienst kann als Familiengottesdienst, aber auch als Gemeindegottesdienst gefeiert werden und muss selbstverständlich den örtlichen Gegebenheiten angepasst werden.

Die Feier spricht eine Grundbefindlichkeit unseres Lebens an, die wir alle, gleich ob Kinder, Jugendliche, Erwachsene kennen. Da ist in unserem Leben das Dunkel, Streit, Not, Krankheit, Trennung, Unterdrückung, Spott, Einsamkeit, Tod – und genauso stark oder gerade deswegen das Rufen nach Gott, nach dem Erlöser und Retter. Beides erst, beides zusammen ist Advent: warten – hoffen – rufen nach dem Licht und dem Heil.

Gestaltung des Gottesdienstes

- In der Kirche ist bereits eine karge Krippenlandschaft aufgebaut, besonders ein Weg und eine dunkle Stadt, die Häuser vorwiegend mit schwarzen Fenstern.

- Der Kirchenraum ist ganz normal erleuchtet. Die Altarkerzen brennen nicht.

Eingangslied Mache dich auf und werde Licht (GL 219)

Einführung

1. Advent – man glaubt es kaum! Schon wieder Advent, sagen die einen. Endlich Advent, freuen sich die anderen. Nein, so ganz neu ist der Advent nicht. Wir sehen es ja schon seit Tagen und Wochen. Auf den Straßen und über den Straßen brennen so viele Lichter, große Sterne. Lichterketten hängen an Bäumen, über den Büschen in den Gärten.

Kommt jetzt eine gemütliche Zeit? Da brennen Kerzen, funkeln Sterne, Lebkuchen und Plätzchen duften und schmecken uns. Wir gehen auf den Adventsmarkt. Es gibt wieder Geschichten am Adventsfenster und hinterher Glühwein für die Großen. Vielleicht nehmen wir uns auch Zeit füreinander, etwas mehr als sonst, sind gern miteinander zu Hause.

Jetzt sind wir hier. Halten wir inne! Schauen wir! Da geschieht etwas.

- Die Kirche wird langsam dunkler. Licht um Licht wird ausgeschaltet. Alle Lichter erlöschen. (Vielleicht scheint nur die Straßenbeleuchtung von draußen in die Kirche.)
- Die Dunkelheit etwas aushalten. Warten. Stille zulassen. ...

Es ist dunkel geworden. Wir sehen nicht weit. Wir sind noch alle da, in der dunklen Kirche. Langsam gewöhnt sich das Auge an die Dunkelheit. Wir sehen nicht mehr so viel, nicht mehr genau.

Dunkel. – Wir sind in einer dunklen Zeit.
Nur wenig Licht leuchtet von draußen durch die Dunkelheit.

Wie groß ist die Dunkelheit, wie weit? Jeden Abend wird es dunkel.
Was bleibt dann vom Tag? Für manche Menschen ist es immer dunkel.
Schauen wir mit dem Herzen in die Dunkelheit.

Kyrie

1. *Wir sind im Dunkeln.*

   In unserer Welt ist vieles dunkel.
   Bei vielen Kindern und Jugendlichen ist es dunkel.
   Sie werden ausgegrenzt, sie fühlen sich allein gelassen und unverstanden.
   In der Familie ist Streit.

   Sieht noch jemand ihre Not?

   Gott, wir rufen zu Dir:

Kyrieruf

Text und Melodie: Franz Kett

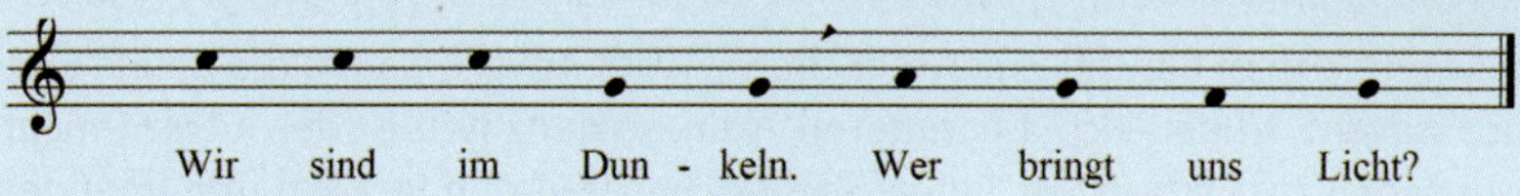

2. *Wir sind im Dunkeln.*

   In unserer Welt verbreiten viele Menschen Dunkelheit.

   Krieg, Terror und Gewalt breiten sich jeden Tag mehr aus.
   Wie viele Menschen müssen fliehen, sie haben alles verlassen.
   Wo ist Hoffnung und Sicherheit? Wo ist Zukunft?

   Gott wir rufen zu Dir:

Kyrieruf — Wir sind im Dunkeln. Wer bringt uns Licht?

3. *Wir sind im Dunkeln.*

Sagen nicht viele: „Ich"? „Ich zuerst, ich will haben." „Ich – und nach mir kommt lange nichts." So wird es dunkel um uns. Wo bleibt die Liebe?

Gott wir rufen zu Dir:

Kyrieruf — Wir sind im Dunkeln. Wer bringt uns Licht?

- Eine größere „Jesuskerze" steht auf dem Altar und wird jetzt entzündet.

Gebet

- Im Licht dieser Kerze kann das Gebet gesprochen und die Lesung vorgetragen werden, sodass keine anderen Lichter entzündet werden müssen. Ins Dunkel hineinsprechen.

Gott, du schenkst uns die Adventszeit, damit wir neu nach dir fragen und dich suchen, damit wir hören, was du uns sagst, und uns bereiten,
damit wir das Licht empfangen können, das uns den Weg zeigt und ins Leben führt: Jesus Christus, dein Sohn, der uns zu dir führt, dem lebendigen Gott.
Sei gepriesen in Ewigkeit. Amen.

Lesung — aus Jes 8,21–9,2

Antwortgesang — Mache dich auf und werde Licht (Kanon)

Evangelium — Mt 4,12–17

- Ein Ministrant trägt die Jesuskerze vom Altar zum Evangeliar und bleibt dort während der Verkündigung mit der Kerze stehen.

12 Als Jesus hörte, dass man Johannes ins Gefängnis geworfen hatte, zog er sich nach Galiläa zurück. 13 Er verließ Nazaret, um in Kafarnaum zu wohnen, das am See liegt, im Gebiet von Sebulon und Naftali. 14 Denn es sollte sich erfüllen, was durch den Propheten Jesaja gesagt worden ist: 15 Das Land Sebulon und das Land Naftali, / die Straße am Meer, das Gebiet jenseits des Jordan, / das heidnische Galiläa: 16 das Volk, das im Dunkel lebte, / hat ein helles Licht gesehen; / denen, die im Schattenreich des Todes wohnten, / ist ein Licht erschienen. 17 Von da an begann Jesus zu verkünden: Kehrt um! Denn das Himmelreich ist nahe.

Gedanken zur Predigt

- Der Priester übernimmt die Jesuskerze.

Was haben wir gehört? Da ist in Israel ein Land, ein Gebiet, das heißt Sebulon, ein anderes heißt Naftali, da wird erzählt vom heidnischen Galiläa – noch ein Name. Was ist mit den Menschen in dieser Gegend?
Sie sind ein Volk, das im Dunkeln lebt, sie sind wie im Tod,
weil sie fern sind von Gott. Es fehlt ihnen die Freude an Gott,
das Licht, das das Leben froh und hell macht. Sie sind wie im Tod. Ohne Gott.

Und Jesus kommt. Er bringt den Menschen ein Licht.
Wenn er kommt, wird es den Menschen hell. Er bringt ihnen Gott – ganz nah.

Ist das vielleicht auch uns gesagt? **Jesus kommt und bringt uns das Licht,** damit wir aufstehen, aufleben, dass wir uns öffnen für Gott. Es soll keine Welt geben ohne Gott. **Jesus kommt und bringt das Licht.** Es ist Advent.

- Die Jesuskerze langsam durch die Kirche tragen und zurück auf den Altar.

Jetzt ist Advent. Da ist noch viel Dunkelheit in der Welt.

Das vergessen wir so oft, weil überall kleine Lichter brennen,
weil die Bäume schön glitzern, viele bereits Weihnachts-Feiern haben.

Wir vergessen die Dunkelheit, wir schauen nicht hin,
wir übersehen das Dunkel, wollen es gar nicht sehen.

Und doch ist da viel Leid und Streit in uns und um uns, wenn wir gemeine Worte sagen, den andern ausgrenzen, wenn wir streiten und nicht nachgeben können, wenn wir nur „Ich“ sagen und nicht mehr „Du“, nicht „Bitte“ und nicht „Danke“.

Wie groß ist die Dunkelheit, wenn Menschen im Krieg leben oder auf der Flucht sind, wenn Menschen ihre Arbeit verlieren, andere krank werden.
Wer kann alles aufzählen?

Aber Jesus kommt, um uns das Licht zu bringen.

Darum zünden wir jetzt die 1. Adventskerze auf dem Adventskranz an.

- Die 1. Adventskerze wird an der Jesuskerze – auf dem Altar – entzündet und auf den Adventskranz gestellt – Moment Stille.

Die 1. Kerze leuchtet in der Dunkelheit. Die 1. Kerze leuchtet auf dem Adventskranz auch zu Hause. Ein stilles Licht, eine stille Flamme. Sie ist wie eine Frage: **Jesus kommt.** Willst du ihn aufnehmen? Willst du hell werden?

Jesus sagt: Darf ich dein Licht sein?
Dann wirst du hell und wirst auch Licht verbreiten. Dann wird es um dich hell.
Wenn Jesus zu dir kommt, in deine Familie, beginnt eine neue Zeit.
Advent – **Jesus kommt und bringt dir Licht.**
Freue dich und bring die Freude in die Welt!

Fürbitten

- Zu jeder Fürbitte eine Laterne vom Mittelgang in die Krippenlandschaft tragen.

Fürbittruf

Text: Sr. Esther Kaufmann
Melodie: Franz Mitterreiter

1. Herr, wir warten auf dein Licht für alle Familien: in denen es oft durch Hektik, Streit und lieblose Worte so dunkel ist. Lass alle füreinander Licht sein.
2. Herr, wir warten auf dein Licht für unsere Kinder und Jugendlichen: Lass sie in Liebe und Geborgenheit heranwachsen. Lass sie dein Licht und deine Nähe erfahren.
3. Herr, wir warten auf dein Licht für unsere Pfarreiengemeinschaft: Lass uns voneinander auf dem Weg des Glaubens lernen und deinem Licht folgen.
4. Herr, wir warten auf dein Licht für die alten und kranken Menschen: Sie fühlen sich in der adventlichen Zeit oft trostlos und verlassen. Lass uns für sie ein Licht sein.
5. Herr, wie warten auf dein Licht für die vielen Menschen in Krisengebieten: Sie müssen in Dunkelheit und Not leben, vertrieben und in Angst. Schenke ihnen ein Licht, das Hoffnung bringt.
6. Herr, wir warten auf dein Licht für alle, die in der Welt Verantwortung tragen: Rühre sie neu an, dass sie den Weg des Friedens und der Versöhnung suchen. Lass sie Licht für die vielen Menschen sein.

- Nach den Fürbitten werden langsam wieder mehrere Lichter in der Kirche eingeschaltet. Aber die Beleuchtung kann etwas gedämpft bleiben.

Gabenbereitung

Lied Wir zünden eine Kerze an (RPP 85/4, S. 25)

Wandlung

- Eine größere Kindergruppe, z. B. die Kommunionkinder, kommen vor und empfangen beim Vorgehen eine Laterne. Damit stellen sie sich um den Altar.
- Zum „Geheimnis des Glaubens“ heben sie ihre Laternen zur Mitte hin hoch.

P. Jesus ist gekommen, er ist in unserer Mitte. Wir heben die Laternen und sagen ihm: Welche Freude! Jesus, du bist da.

P. Geheimnis des Glaubens.

- Vielleicht können die Kinder ihre Laternen dann an einem guten Ort abstellen, auf einen Seitenaltar oder auf die Kommunionbank, um sie nach der Kommunion zum Danktanz wieder zu holen.

Sanctus

Friedensgruß

Agnus

Danklied Seht, die gute Zeit ist nah (siehe S. 44)

Tanz mit den Kommunionkindern oder anderen.

Alle Kinder stehen mit ihren Laternen um den Altar.

Seht, die gute Zeit ist nah,	Laterne vor sich zur Mitte
Gott	Laterne erheben
kommt auf die Erde.	Laterne tief senken (bis zum Boden)
Kommt	Laterne wieder vor sich halten
und ist für alle da,	sich mit der Laterne drehen, sie zeigen
kommt, dass Friede werde,	Laterne vor sich halten
kommt, dass Friede werde.	Laterne zur Mitte hin halten.

Schlusslied

Material

Adventskranz; große Kerze, Adventskranz-Kerze; 6 Laternen

Bereitet den Weg

Familiengottesdienst zum 2. Advent, Mk 1,1–8

Sr. Esther Kaufmann

Hinführung

„Bereitet den Weg!", diese Worte des Propheten Johannes des Täufers hören wir jedes Jahr im Advent. Ist es nicht wie ein Grundton? Wir gehen doch auf Weihnachten zu – Vorbereitungszeit.

„Bereitet den Weg! Gott will kommen!" Diese Worte des Propheten, so kurz gesprochen, klingen gewöhnlich, sanft. Hören wir aber weiter zu, dann haben sie einen harten Klang. Er redet dem Volk ins Gewissen! Wir sollen nicht nur die Geschenke und den weihnachtlichen Schmuck bereiten, sondern unser „Herz", weil Jesus kommen will. Das „Herz" aber ist nicht die stille Kammer, meine fromme Ecke, sondern die Mitte, aus der mein Handeln kommt, meine Begegnung mit dem Nächsten, im Beruf, in der Familie.

» Unser Herz bereiten

Der Weg zum Herzen geht von außen nach innen. Wir gehen viele Wege im Advent. Es ist eine Zeit des Aufbruchs. In der Gestaltung der Feier hören wir vom Weg und zeigen etwas davon, wenn wir vor dem Altar einen Weg zur Krippenlandschaft hin gestalten. Der Weg geht auf ein verschlossenes Tor zu. Verschiedene Dinge, die unsere Adventszeit prägen, werden auf den Weg gelegt: die Lichterketten, die volle Schale mit Plätzchen, ein großes Geschenk, aber auch das Bild eines Kindes, das verlassen im Dunkeln steht.

Dann kommt ein junger Erwachsener – als Prophet gekleidet – durch den Mittelgang langsam nach vorne. Immer wieder bleibt er stehen und ruft den Leuten laut die Worte des Täufers zu. Er lässt uns aufhorchen.

Wenn dann der Priester oder Diakon mit dem Lektionar ebenfalls durch den Mittelgang kommt – auf dem Weg, den wir bereiten sollten, wenn er das Wort Gottes hochhält und nochmals einige Worte verkündet, dann können sie uns im Inneren ansprechen.

In einem Predigtgespräch können die Kinder und Erwachsenen sich äußern und mitteilen, wie man das Herz für Jesus bereiten kann.

Dabei wird ein großes Herz vor das verschlossene Tor in der Krippenlandschaft gestellt. Wird unser Herz zu einem offenen Tor, dass Jesus kommen kann?

Mit einem Kanon, der diese Thematik im Gesang und im Tanz noch einmal anklingen lässt, endet der Gottesdienst.

Feier

- In der Kirche ist vorne eine Krippenlandschaft aufgebaut, mit dem verschlossenen Tor zum Paradies.

- Ein Weg aus Tüchern und größeren Steinen führt wenigstens ein Stück weit durch den Mittelgang bis vor die Krippenlandschaft, in der Landschaft weiter bis zum Tor.

Lied Macht hoch die Tür, die Tor macht weit (GL 218)

Begrüßung und Hinführung

P. „Ich bin angekommen." „Ja", sagt ihr, „das sieht man ja." Und ich sage: „Ihr seid angekommen." Und das freut mich. Wissen wir, wer mit uns angekommen ist? Da müssen wir einfach mal nach links und rechts schauen. ...

Weiß ich auch, woher der Mensch neben mir gekommen ist? Welchen Weg er gegangen oder gefahren ist?

Komische Fragen – aber im Advent ist das sehr wichtig. Wir gehen unsere Wege anders als sonst. Die Straßen sehen anders aus, die Häuser, die Fenster am Abend und manche Gärten. Es ist eine besondere Zeit. Wenn wir abends durch das Dorf gehen, durch die Stadt, wenn es dunkel ist, was sehen wir? Die Straßen und Wege sehen anders aus.

Advent heißt „Ankunft". Ankommen können wir aber nur, wenn wir einen Weg gehen oder wenn der, der zu uns kommt, einen Weg geht. Schauen wir auf die Wege.

1. Wir gehen Wege im Dorf. Wir schauen uns um. Überall leuchten die Lichterketten, an den Häusern, in den Bäumen und Fenstern. Alles glänzt.

- Eine (nicht zu kleine) Lichterkette wird auf den vorbereiteten Weg gelegt und eingeschaltet.

2. Wir gehen Wege zum Adventsmarkt. Es gibt vieles zu kaufen: Süßigkeiten, Lebkuchen, Plätzchen, Bratwurst, Glühwein, Punsch und vieles mehr. Und das und jenes möchten wir auch noch mitnehmen.

- Eine große Schale mit Plätzchen wird vorgetragen und auf den Weg gestellt.

3. Wir gehen im Advent gern Wege zum Einkaufen. Wir rennen, hetzen, suchen, finden, raffen, kaufen. Schön und groß muss es sein! Ein großes Geschenk macht Eindruck!

- Ein sehr großes, verpacktes Geschenk wird auf den Weg getragen.

4. Im Advent gehen wir viele Wege. Überall wird gefeiert: in der Klasse, im Verein, in der Firma, zu Hause. Wir müssen hierhin und dorthin. Es wird gesungen, gespielt, gegessen, getrunken. Es werden Geschichten erzählt.

- Bild eines Kindes, das im Dunkeln ist, wird vorgetragen und einen Moment allen gezeigt.

  Doch das gibt es auch. Da ist ein Kind – allein – im Dunkel – ohne Haus – wohnt es vielleicht ganz in der Nähe?

- Das Bild wird zur Krippenlandschaft gestellt.

M. Molnar, Mappe 2/78

Kyrie

P. All das ist sehr verschieden. Es ist da auf unserem Weg durch den Advent. Wenn wir es sehen, macht es uns nachdenklich. Wir wenden uns Jesus, dem Herrn, zu, auf den wir warten.

1. Im Advent haben wir viele Wünsche. Wir wollen und müssen vieles kaufen. Kann ich auch verzichten und mich über etwas Kleines freuen? Wartet jemand auf ein kleines Zeichen der Freude von mir?

   Jesus, du wirst einmal als ein Kind geboren, ganz klein.

Kyrie-Ruf

2. Im Advent gehen wir zu vielen Adventsfeiern, dort ist es oft laut, jeder redet und erzählt. Manchmal singen wir auch zusammen. Kann ich auch still werden beim Schein einer Kerze?

   Jesus, du wirst kommen, nicht laut, sondern still. Du suchst unser Herz.

Kyrie-Ruf

3. Im Advent leuchten so viele Lichter, überall ist es hell und glitzert. Sehe ich auch die Not in dieser Zeit? Sehe ich, dass Menschen im Dunkeln sind, traurig und arm?

   Jesus, du wirst kommen in das Dunkel unserer Zeit. Du willst uns Licht und Hoffnung bringen.

Kyrie-Ruf

Tagesgebet

Lesung nach Jes 40, 3–5; 9–11

Seht da, ein Prophet kommt.

- Der Prophet kommt durch den Mittelgang (nicht unbedingt von ganz hinten).

L. Wird er reden? Hört!

- Prophet geht langsam nach vorn, und ruft nach rechts und links den Menschen zu, mit Pausen:

Prophet:

Bereitet dem Herrn den Weg! –
Baut für ihn einen geraden Weg –
mitten durch die Wüste! –
Baut in der Steppe eine ebene Straße.
Bereitet dem Herrn den Weg!

Füllt die Täler auf, –
macht die Berge niedriger. –
Macht die Kurven gerade. Kein Hügel darf euch die Sicht verstellen.
Alle werden ihn sehen – herrlich – und groß!!
Bereitet dem Herrn den Weg!

Pause

Ihr alle seid doch sterblich,
seid wie das Gras, das verwelkt und vergeht.

Aber Gott – vergisst euch nicht!
Er kommt wie ein Hirt und wird euch Gutes tun.

Lied Bereitet den Weg, (s. RPP 2010/4, S. 19)

Verkündigung des Evangeliums

- Priester kommt von hinten mit dem Evangeliar und geht über den braunen Weg.

Evangelium Mk 1,1–8

1 Anfang des Evangeliums von Jesus Christus, Gottes Sohn.
2 Wie geschrieben steht bei dem Propheten Jesaja – Siehe, ich sende meinen Boten vor dir her; der deinen Weg dir bahnen wird.
3 Eine Stimme ruft in der Wüste: Bereitet dem Herrn den Weg! Mach gerade seine Straßen! – 4 So trat Johannes der Täufer in der Wüste auf und verkündigte eine Taufe der Umkehr zur Vergebung der Sünden.

Gedanken zur Katechese – zu einem Gespräch mit Kindern oder der Gemeinde

Da kam der Prophet, Johannes der Täufer.
Haben wir es noch im Ohr? „Bereitet dem Herrn den Weg!“

Für Gott einen Weg bereiten, nicht für uns selbst.
Wir bauen Straßen, ebnen Wege, bauen Wanderwege, um an ein Ziel zu kommen, um schneller voranzukommen, ohne Gefahren, möglichst ohne Stau, mit wenig Anstrengung – außer in den Bergen.

Jetzt aber heißt es: Bau für Gott einen Weg, eine Straße.

Er will kommen.
Ich muss die Straße von mir zu ihm bauen, damit er darauf kommen kann. Ich muss die Straße nicht gehen.

Wenn wir einen Weg bauen, planen wir, dass die Straße so ist, dass wir darauf gut vorankommen, darauf fahren oder gehen, spazieren gehen oder Rad fahren können.

Wohin bauen wir unsere Straßen? Wohin wollen wir gehen?
Unser Ziel ist zuerst im Herzen. Ich will zu meinem Freund, ich will nach Hause, ich will zur Schule, ich will einkaufen – das alles beginnt im Herzen.

Die Straße, auf der Jesus kommen will – hat er sie nicht auch in seinem Herzen?

Wie muss seine Straße wohl aussehen? Muss sie nicht ihm entsprechen? Jesus, der von Gott kommt, der heilig ist, der geduldig ist, der mich schauen will, der mir Freude bringen will, der mich sucht, der mit mir gehen will?

Wie geht Jesus? Wie ist sein Weg? Was entspricht Jesus? Wohin will er? Jesus sucht unser Herz.

- Ein großes Herz wird vor das Tor gestellt, wohin der Weg geht.

Er sucht unser Herz, damit er bei uns wohnen kann. Er will den Weg bis in die Mitte, bis zu uns ganz persönlich gehen. Er will nicht einfach vorbeigehen, von ferne winken.

Doch welche Hindernisse gibt es auf dem Weg? Was entspricht Jesus nicht? Will ich überhaupt, dass er kommt?

Ich weiß doch, wer kommt: Jesus. Ein bisschen kenne ich Jesus. Weil ich weiß, was Jesus entspricht, kann ich den Weg bereiten und anfangen, so zu leben, dass er sich bei mir wohlfühlt. ... (Beispiele nennen: ehrlich sein, beten, Gott loben, dankbar sein, helfen, achtsam sein, geduldig sein, Zeit haben für die Familie, ...)
So wird der Weg eben, so wird er gerade. Jesus kann kommen. Er wird kommen, denn er sieht mich am Ende der geraden Straße ohne Berge und tiefer Täler.

- Ja, er sucht mich. Er wird kommen.

Fürbitten

Ruf Gott, unser Vater, erhöre uns.

P. Gott, der Prophet Johannes ruft uns zu: Bereitet dem Herrn den Weg! Darum schenkst du uns die Adventszeit, dass wir Wege bereiten für Jesus, den du uns senden willst, dass wir ausschauen nach ihm, dass wir auf ihn warten. Wir bitten dich:

1. Öffne unser Herz, damit wir Jesus suchen, dass wir still werden, nach ihm fragen und seine Stimme hören.
2. Öffne unser Herz, damit wir Zeit haben füreinander, nicht zuerst an uns denken, sondern aufeinander achten und gut miteinander umgehen.
3. Öffne unser Herz, dass uns die Not der vielen Menschen anrührt und wir nicht achtlos vorübergehen. Lass uns helfen und teilen.
4. Öffne das Herz auch allen, die dich nicht suchen. Wecke du in ihnen die Sehnsucht nach dir.
5. Öffne unser Herz, damit Jesus bei uns einen Platz findet. Dann wird unser Leben hell und neu, freundlich und stark.

P. Ehre und Dank sei dir für diese Zeit. Jesus, wir warten auf dich und bereiten dir den Weg. Sei gepriesen in Ewigkeit. Amen.

Gabenbereitung Wir zünden eine Kerze an

Sanctus

Friedensgruß „Den Weg für Gott bereiten" – was will Gott?

Dank

◗ Tanz um den Altar. Kanon mit der Gemeinde

Macht hoch die Tür

Text: Josephine Hirsch (nach Georg Weißel, 1623)
Melodie: Walter Deutsch

Im Kreis um den Altar stehen.

Macht hoch die Tür, *die Tor macht weit!*	Arme, Hände langsam emporheben Arme oben weiten
Macht euer Herz dem *Herrn bereit,*	sich mit offenen Armen drehen und die erhobenen Hände fassen
dem Herrn, der kommt *in unsre Zeit.*	4 Schritte im Kreis gehen stehen bleiben und die Hände senken

Schlusslied Im Advent

Material

Eine Krippenlandschaft ist aufgebaut, darin ein verschlossenes Tor; ein Weg (braune Tücher) führt wenigstens ein Stück weit durch den Mittelgang bis vor die Krippenlandschaft; zur Eröffnung: eine Lichterkette, ein Teller mit Gebäck, ein großes verpacktes Geschenk; das Bild eines traurigen Kindes, z. B. aus der Mappe RPP 1978/2 Fallen und Vergehen; ein großes Herz (ca. 60 cm hoch)

Bischof Nikolaus und das Kornwunder

Familiengottesdienst oder Nikolausfeier

P. Meinulf Blechschmidt

Hinführung

Da der 6. Dezember auf einen Sonntag fiel, kam im Familiengottesdienstteam der Wunsch auf, die Nikolausgeschichte vom Kornwunder im Gottesdienst zu spielen und zu erzählen. Viele Familien kennen den Brauch des hl. Nikolaus nicht mehr, sie erzählen nur noch vom Weihnachtsmann, der in den Straßen der Stadt und vor den Kaufhäusern steht.

Wir wollten den Brauch des Nikolaustages wieder lebendig werden lassen und auch aus dem Leben des Heiligen eine Legende erzählen.

» Nikolaus „richtig“ feiern

Da unser Pastor Pater Meinulf Blechschmidt damit einverstanden und bereit war, den Nikolaus zu spielen, trafen wir die Vorbereitungen für diesen Gottesdienst.

Für das Spiel war nicht viel zu üben. Es mussten nur die Anweisungen des Erzählers beachtet werden. So bedurfte es nur einer kurzen Einweisung.

Ein Vater war schnell bereit, den Kapitän zu spielen, ebenso war ein Junge gefunden, der den Jonas mit der Taube spielte.

Das Schiff war vorbereitet und mit Kornsäckchen gefüllt. Der „Leuchtturmwächter“, ein Firmling, saß unter den Gottesdienstteilnehmern.

Wir hielten zuerst ein Schriftgespräch über das Evangelium von der Brotvermehrung, dann formulierten wir die Kyrierufe und die Fürbitten, die etwas von der Güte und Menschenfreundlichkeit des heiligen Nikolaus enthalten und auch unser Herz bewegen sollten.

Der Gottesdienst war für die Pfarrgemeinde eine große Freude. Viele Eltern, aber auch ältere Menschen freuten sich, erinnerten sich an die Kindheit, in der oft der „Bischof Nikolaus“ zu den Kindern kam.

Brauchtum darf nicht verlorengehen. Es ist leicht in Gefahr, verkitscht zu werden und den Bezug zum Glauben der Kirche zu verlieren. Wir können das eine oder andere wieder wecken, erschließen, fruchtbar machen für unser Leben.

Die Heiligen sind uns Vorbilder. Wenn bis heute der Nikolaustag immer noch gefeiert wird, dann sollten wir als Christen dieses Fest auch richtig, angemessen, als Botschaft feiern.

Gestaltung

Eingangslied Wir sagen euch an (GL S. 223)

Begrüßung und Einleitung

Im Namen des Vaters ...

Kyrie

1. Heute feiern wir das Fest des hl. Bischofs Nikolaus.
   Er hat die Not der Menschen gesehen. So war er dir gleich, Jesus.
   Schauen wir hin, wo jemand Hilfe braucht?
   Schauen wir nicht lieber weg, lassen den Armen links liegen?

Ruf Herr, erbarme dich

2. Heute feiern wir das Fest des hl. Bischofs Nikolaus.
   Er hat mit Liebe auf dein Wort gehört und danach gelebt.

   Hören wir auf das, was du uns sagst?
   Bewegt dein Wort unser Herz und unsere Hände?

Ruf Herr, erbarme dich

3. Heute feiern wir das Fest des hl. Bischofs Nikolaus.
   Er war ein guter Hirte und sorgte für die Armen.
   Er teilte aus, was er hatte. Er folgte dir, dem guten Hirten.

   Wie sorgen wir für die Notleidenden in unserer Familie, in unserem Dorf, in unserem Land? Sind wir bereit zu teilen?

Ruf Herr, erbarme dich

Gebet

Erbarme dich über uns, guter Gott, denn wir sind oft hart im Herzen,
rechthaberisch, denken nur an uns.
Mach uns frei von unserer Sünde, damit wir deine Gemeinde sind
in Liebe und Einheit, durch Christus unseren Herrn.

P. Heute feiern wir das Fest des hl. Bischofs Nikolaus.
Dazu hören wir eine Geschichte.

- Der Priester zieht das Messgewand aus und die Bischofskleider an. Dann stellt er sich an den Rand des Chorraumes oder sonst ein wenig abseits.

Nikolaus und das Kornschiff

- Mit verteilten Sprechrollen, entsprechend mehrere Mikros bereitstellen.

Spr. Hier ist die Stadt Myra. (Handbewegung)
Die Stadt hat viele Häuser.

- Die Sprecherin schaut in die Kirche und zeigt mit den Händen das Dach, die Kinder machen es mit.

Die Stadt liegt am Meer. – In dieser Stadt wohnt Bischof Nikolaus. Hier ist sein Haus.

- Hinweis auf den Stuhl, der z. B. vor dem Altar stehen kann, der mit einem roten Tuch etwas hervorgehoben ist.
- Bischof Nikolaus kommt und setzt sich.
- Es wäre gut, wenn die Sprecherin die eine oder andere Bewegung macht und so die Kinder in die Geschichte mitnimmt.

Spr. Einmal, im Sommer, brannte die Sonne viele Monate lang auf die Erde.
Das Gras (wachsen lassen) färbte sich braun, auf den Feldern verdorrte das Korn (Ähren).

Keine Wolke zeigte sich am Himmel.
Es regnete nicht. Die Wasserstellen vertrockneten.
Nur die tiefsten Brunnen spendeten noch Wasser.

Ein Brunnen lag in der Mitte der Stadt.
Dorthin gingen die Frauen mit ihren Krügen, um Wasser zu schöpfen. Sie trugen das kostbare Wasser vorsichtig wieder heim.

Viele Tiere mussten vor Hitze und Durst sterben.
Über das Land kam eine große Hungersnot.
Die Vorratskammern waren leer.

Am Abend konnten die Kinder nicht einschlafen.
Der Bauch tat ihnen weh. Sie riefen: „Gib mir Brot!"
Aber die Mutter hatte kein Brot.

Manchmal sang sie ein Lied, damit die Kinder den Hunger vergaßen.

- Ein Kind kommt vor und singt: „Schlafe, mein Kindchen" (siehe S. 35)

Spr. Bischof Nikolaus ging am Abend oft durch die Straßen.

- Nikolaus geht in den Mittelgang. Er bleibt ein-, zweimal stehen und horcht.

Er hörte das Weinen der Kinder.
Er sah durch die Fenster und spürte die Not der Menschen.
Gern hätte er geholfen. Er hatte aber kein Brot.

- Nikolaus bleibt stehen und betet laut.

Guter Gott, sieh die Not der Kinder, den Hunger in den Häusern.
Sieh uns, sieh her! Höre das Weinen.
Gott, wie groß und herrlich bist du.
Komm uns zu Hilfe. Gib uns Brot!
Vater unser im Himmel, unser Brot gib uns heute!

- Nikolaus geht zurück in sein Haus und setzt sich.
- Der Leuchtturmwächter, der mitten unter den Leuten sitzt, steigt auf die Bank, schaut mit den Händen über den Augen in die Weite und ruft laut:

„Schiff in Sicht!" – *Moment Pause.* – „Schiff in Sicht!"

Spr. Tatsächlich, da näherte sich ein Schiff dem Hafen.

- Zwei oder vier Kinder fahren ein Schiff von hinten durch den Mittelgang nach vorn.

Das Schiff kam aus einer fernen Stadt.

Es lief in den Hafen ein und warf den Anker aus.

Das Schiff war schwer beladen. Womit?
Es war schwer beladen mit Korn. Große Säcke mit Korn standen auf dem Schiff.

- Das Schiff kommt vorn an. Warten, bis alle Matrosen ruhig stehen:

„Das Schiff ist im Hafen angekommen."

An diesem Tag war Bischof Nikolaus unterwegs.
Er wollte einen Kranken besuchen.

- Nikolaus steht auf und geht los. Auch Jonas mit der Taube steht auf.

Da traf er einen kleinen Jungen, der eine Taube auf dem Arm trug.

Nik. Wer bist du?

Jonas Ich bin Jonas mit der Taube.

Nik. Was ist mit deiner Taube?

Kind Meine Taube ist müde und matt.
Sie hat nichts mehr zu fressen.

Nik. Wohin gehst du mit deiner Taube?

Kind Ich will zum Hafen, dort ist ein Schiff angekommen, voll beladen mit Korn.

Nik. Ist das wahr? Da komme ich mit dir.
Vielleicht bekommen wir etwas vom Korn.

Spr. Bischof Nikolaus nahm Jonas an der Hand und beide gingen zum Hafen.

Bischof Nikolaus dachte: Aus Korn kann man Mehl mahlen, aus Mehl Brot backen, das Brot kann man teilen, dann hat der Hunger ein Ende.

- Nikolaus und Jonas gehen etwas in den Mittelgang und kehren dann wieder zurück, Richtung Schiff.

Als die beiden zum Hafen kamen, waren schon viele Leute dort.
Die Menschen waren still. Eine Spannung lag in der Luft.
Was war geschehen?

Die Matrosen des Schiffes hielten Lanzen in den Händen und streckten sie den Leuten entgegen.

- Trommelschläge. Matrosen strecken die Hände aus.

Nik. He, Kapitän!

Kap. Hier bin ich!

Nik. Kapitän, du kommst von weither.
Kann ich zu dir aufs Schiff kommen?

Kap. Ja, aber komm allein.

Spr. Bischof Nikolaus ging aufs Schiff.

Kap. Was willst du von mir?

Nik. Du siehst die vielen Leute. Sieh ihre Gesichter!
Sie leiden große Not. Sie haben nichts mehr zu essen.
Sie leiden Hunger. Sie haben kein Brot.
Verkauf uns einen Teil deiner Ladung!

Kap. Das darf ich nicht. Es ist alles genau abgewogen.
Die Ladung ist für den Kaiser.
Der Kaiser bestraft mich, wenn ich die Ladung nicht vollständig abgebe.

Nik. Ach, der Kaiser ist weit weg, der wohnt in Rom.
Was weiß der von uns hier?
Die Leute müssen sterben, wenn du ihnen nicht hilfst.

Kap. Mein Kopf ist mir lieber als euer Hunger.

Nik. Kapitän, du bist weit gereist und hast viele Länder gesehen und noch mehr gehört.
Hast du auch von Jesus gehört?

Kap. *sagt zögernd:* Ja.

Nik. Fünftausend Menschen waren bei Jesus. Sie hörten ihm zu, wie er von Gott redete. Doch dann, am Abend bekamen sie Hunger. Und sie hatten nichts mitgenommen.
Da nahm Jesus fünf Brote, dankte Gott, und seine Freunde, die Jünger, teilten sie an die Menschen aus.
Und alle wurden satt.
Ja, es blieben noch 12 Körbe übrig!
Vertrau auf Gott.
Hilf uns, es wird dir kein Korn fehlen.

Kap. Ja, ich kenne die Geschichte. ...
Gut – wenn kein Körnchen fehlt und das Schiff nicht leichter wird, dann dürfen die Matrosen Säcke hinaustragen.

Nik. Wir machen einen Strich, wo das Wasser steht.
Das Schiff wird nicht leichter. Glaube mir!

Kap. Matrosen, tragt die Säcke hinaus!

Spr. Die Matrosen trugen viele Säcke mit Korn an das Land.

- Die Matrosen tragen nacheinander jeweils einen Sack hinaus und stellen ihn in die trockene, braune Landschaft.

Einen Sack, ... und wieder einen, ... und noch einen ... viele Säcke.
Und das Schiff wurde nicht leichter!

Nik. Es ist genug! Es reicht.
Wir haben genug zu essen.
Und sieh, das Schiff ist nicht leichter.
Kein Körnchen fehlt dir!

Spr. Jetzt hatten sie genug. Das Korn reichte bis zur nächsten Ernte.
Es reichte auch noch zum Säen im Frühling.
Der Hunger hatte ein Ende!

Da staunten der Kapitän und die Matrosen.

Die Menschen lobten Gott, und einige dachten: Es ist ein Wunder.

Die Matrosen legten die Lanzen nieder.
Die Menschen gaben sich die Hände.
Alle waren glücklich
und jubelten Bischof Nikolaus zu.

Nikolaus ließ das Korn verteilen.
Aus Korn wurde Mehl gemahlen, aus Mehl Brot gebacken.

Lied Wir grüßen dich, St. Nikolaus (siehe RPP 2016/4, S. 44)

- Der Priester kleidet sich wieder um.

Lied Bereitet den Weg (siehe RPP 2010/4, S. 19)

Evangelium Joh 6, Brotvermehrung

Impuls

Fürbitten

1. Jesus, du willst kommen.
Öffne unser Herz, damit wir deine Stimme hören.

Ruf Komm, Herr Jesus, höre unser Rufen (siehe S. 17)

2. Jesus, du willst in unserer Mitte sein.
Öffne unser Herz, damit wir Zeit haben füreinander, aufeinander achten und gut miteinander umgehen.

3. Jesus, du kennst die Menschen und hast Mitleid.
Öffne unser Herz, dass uns die Not der vielen Menschen anrührt und wir nicht achtlos vorübergehen.

4. Jesus, du willst uns Leben und Freude schenken.
Öffne auch allen das Herz, die dich nicht suchen.
Wecke in ihnen die Sehnsucht nach dir.

5. Jesus, du willst kommen. Du stehst an der Tür und klopfst an.
Öffne unser Herz, damit du bei uns einen Platz findest.
Sei unsere Freude, unser kostbarster Gast.

Gabenbereitung Hände, die schenken

Sanctus

Friede Der Friede sei mit dir

Dank Wir zünden eine Kerze an

Schlusslied

- Am Schluss verteilt der Priester kleine Lebkuchen an die Kinder.

Schlafe mein Kindlein

Text und Melodie:
Franz Fischereder

Material

Stuhl für den Bischof Nikolaus mit rotem Tuch, Nikolaus- (Bischofs-) gewänder; Taube, ein größeres Schiff (beweglich, z. B. auf einem Teewagen); mehrere kleine Kornsäcke; Korb mit Lebkuchen zum Austeilen

Da haben die Dornen Rosen getragen

Familiengottesdienst zum 3. Advent, Lk, 2,39–56

Sr. Esther Kaufmann

Hinführung

Wer kennt nicht das Lied: „Maria durch ein' Dornwald ging"? Es wird von vielen Chören gesungen, kunstvoll mit einer schönen Sopranstimme und vom Chor begleitet. Es gehört zum Advent.

Der Klang des Liedes lässt uns still werden. Vielleicht horchen wir nicht nur auf die Melodie, lehnen uns zurück, träumen vom stillen Advent, sondern nehmen die Botschaft wahr. In einfachen Worten, in kurzen Versen erzählt sie uns das tiefste Geheimnis des Advents, lässt uns hinschauen auf die Not und die Erlösung, die wir im Glauben bekennen.

» Wunderbare Begegnung

Das knüpft daran an, dass Maria durch die Botschaft des Engels das Kind empfangen hatte, Jesus, den Herrn. Nun macht sie sich auf den Weg, um ihre Tante Elisabet zu besuchen. Von ihr hatte der Engel gesagt, dass sie noch im hohen Alter ein Kind erwartete – „denn bei Gott ist nichts unmöglich". Das Lied weiß um diese Begegnung der beiden beschenkten Frauen, um ihren Jubel, wie sie einander begrüßen und die Kinder im Schoß der Mütter einander erkennen, der Vorläufer Johannes freut sich über den Herrn. Und Maria preist die Größe Gottes.

Nun nimmt uns das Lied mit zum „Unmöglichen", dem die Wirklichkeit der Welt entgegensteht: ein Wald voller Dornen, und der noch trocken, ohne Laub, sieben Jahre. Es klingt die Siebenzahl. Es gibt auch die negative Vollendung: Das Maß des Leids ist voll. Was kannst du noch hoffen für diese vertrocknete, tote Welt?

Genau durch diese Welt geht Maria, beschenkt mit dem Kind aus der Zuwendung Gottes. Sie hatte es angenommen „mit dem Herzen“, mit ihrem Jawort des Glaubens, der alles Fragen hinter sich ließ. So trägt sie den, der das Leben ist, verborgen, und doch ist er da, mitten in der Welt. Da geschieht das „Unmögliche“: Die Dornen tragen Rosen.

Für unseren Gottesdienst können zwei Seiten in den Blick rücken, einerseits ***die Freude der Begegnung,*** und zwar sowohl die Grundhaltungen der Erwartung, als auch die Freude, Leben zu bringen – also keine zufällige Begegnung; andererseits ***die Erfahrung, dass unsere Welt oft dunkel ist,*** kalt, trocken, weglos, steinig, hart – eben „dornig und ohne Laub“.

Welche Erfahrung bereitet die Frohe Botschaft vor? Welche folgt ihr nach? Was wird uns Neues verkündet? Wenn wir Jesus, der das Leben ist, der das Leben bringt, der die Hoffnung aufblühen lässt – wenn wir ihn zu den Menschen tragen, dann heißt das: Dem anderen gut begegnen, für ihn hoffen, ihm Raum zum Leben geben, das Gute stärken, trösten und weiterhelfen. Weil Jesus uns verwandelt, können wir die Welt verwandeln.

Es braucht Mut, im Gottesdienst solche Haltungen symbolisch zu eröffnen, nicht nur mit Kindern, sondern auch mit Erwachsenen – symbolisch heißt hier, etwas außen tun, das innen anrührt, sodass Offenheit für Gott wach wird. Gerade die einfachen, elementaren Handlungen können uns anrühren und uns neu für gute Begegnungen öffnen.

Möge der Gottesdienst Klein und Groß anregen, „adventliche Wege“ zu gehen und mit Liebe und Freude nicht nur Geschenke, sondern etwas von der Güte und Menschenfreundlichkeit Jesu zu vielen Menschen zu bringen.

Gestaltung

Eingangslied Wir sagen euch an den lieben Advent (GL S. 223)

Kyrie

Hinführung

Im Advent bereiten wir uns auf ein großes Fest vor, auf Weihnachten.

Das Fest soll schön werden.
Wir laufen, rennen, kaufen, hetzen,
backen, bereiten Geschenke,
es glitzert und glänzt auf den Straßen, im Dorf.

Wir sehen jetzt in der Kirche vor uns eine Landschaft.
Sie ist anders:
eine dunkle Stadt, dunkle Häuser,
ein trockener Weg, eine dürre Gegend.

Es gibt viel Dunkelheit auch heute in unserer Welt,
in unserem Dorf.
Was macht die Welt dunkel?

- Zwei braune Tücher werden (von zwei Kindern) wie ein Berg in die Landschaft gestellt.

Sprecher

Da stehen zwei Berge an unserem Weg.
Sie stehen im Weg.

Auf unserem Weg auf Weihnachten zu ist viel los:
Adventsfeiern, Weihnachtsmärkte, Einkaufen.
Da begegnen wir auch vielen Menschen.

Doch manchmal stehen diese tausend Dinge wie Berge zwischen uns und den anderen Menschen.
Wir finden nicht zueinander.
Wir haben keine Zeit für den anderen.
Wir hören nicht richtig zu.
Wir denken nur an uns selbst.

Kyrieruf

- Ein Kind trägt Dornenzweige vor und legt sie auf den Weg.

Sprecher

Wir schauen hin. Da sind Dornen auf dem Weg.

Dornen verletzen, Dornen tun weh.
Dornen zerreißen die Hosen.

Manchmal sind wir wie Dornen.
Wir verletzen andere Menschen
mit spitzen Worten, mit Sticheleien und
gemeinen Bemerkungen.
Wir lachen andere aus und spotten über sie.

Kyrieruf

- Zwei Kinder legen einige Steine auf den Weg.

Sprecher

Wir schauen nochmals auf den Weg.
Steine liegen auf dem Weg.

Sind es Stolpersteine?
Manchmal legen wir anderen Steine in den Weg.
Wir machen einander das Leben schwer.
Manchmal ist auch unser Herz hart wie Stein.
Wir können einander nicht vergeben,
wir tragen anderen ihre Fehler nach.

Kyrieruf

Tagesgebet

Vorbereitung des Evangeliums – Übungen zur Begegnung

Hinführung

Im Advent spüren wir oft, dass wir Wege gehen müssen:
Wege, um jemanden zu besuchen,
Wege, um einem anderen Freude zu bringen,
Wege, um eine gute Nachricht zu bringen,
Wege, um uns mit dem anderen zu versöhnen.

Vier Übungen

1. Nach vorn gehen

- P. steht vor der Kommunionbank, um auf jemand zu warten. Er ruft jemand mit Namen aus der Gemeinde:

„*Name,* können Sie einmal vorkommen?“

- Die betreffende Person wird dann gleich gebeten, im Mittelgang stehen zu bleiben, sich den Weg anzuschauen und dann mit geschlossenen Augen nach vorn zu kommen.

„Ich stehe hier und warte auf Sie.“

- Die Person wird erwartet und empfangen.

2. Im Gang aufeinander zugehen

- Wiederholung der Übung, aber so im Mittelgang: Die angesprochene Person stellt sich jetzt in den Mittelgang, ein Kind stellt sich an die 1. Bank und geht mit geschlossenen Augen auf jene Person zu.

3. Jemand eine Rose bringen und damit anrühren

Wenn wir jemand besuchen oder zu jemand gehen, vielleicht zu einem Fest, bringen wir gern etwas mit.

- Zwei Kinder werden aufgerufen. Ein Kind stellt sich in den Mittelgang, schließt die Augen. „Du wartest. Jemand wird zu dir kommen. Das kann ein wenig dauern. Vielleicht bringt er dir etwas mit.“
- Das andere Kind kommt mit einer Rose und berührt das Kind mit der Rose zart an der Hand.

4. Jemand ein Licht bringen

- Wiederholung derselben Begegnung, aber mit einem Licht. Es kann auch die Richtung gewechselt werden: Kind wartet an der Kommunionbank, P. bringt ihm das Licht.

P.

Das war schön, wie die zwei Menschen, groß und klein,
sich begegnet sind.
Sie haben gewartet,
sie waren still;

sie haben sich gefreut.
Das war wie neues Leben.

Sich auf den Weg machen, jemanden suchen und besuchen.
Kann ich dem anderen eine Freude machen? Was bringe ich mit?

Heute möchte ich euch von Maria erzählen

Da ist ein gewöhnliches Haus in Nazaret, einem Dorf in Israel. In dem Haus wohnt Maria, eine junge Frau.
Maria weiß um das, was Gott seinem Volk versprochen hat. Gott hatte doch gesagt: „Einmal will ich euch den Heiland senden, der alles gut macht. Er wird groß sein. Er wird König sein."

Manchmal denkt sie: Wann wird das geschehen? Sie betet darum. „Sende uns den, der alles gut macht, der Frieden und Freude bringt."

Da geschieht es. Es wird ganz hell in ihrem Haus.
Ein Engel Gottes kommt, ein Bote und grüßt sie:
„Gegrüßet seist du, Maria, Gott hat auf dich geschaut. Du bist voll der Gnade.
Du sollst ein Kind bekommen, einen Sohn.
Er soll Jesus heißen. Er wird groß sein, Sohn des Höchsten genannt werden.
Seine Herrschaft wird kein Ende haben."

„Wie soll das geschehen?", fragt Maria.
„Gott wird es wirken", sagt der Engel.
„Sieh doch, auch deine Tante Elisabet hat noch ein Kind bekommen. Niemand hatte es mehr geglaubt. –
Denn bei Gott ist kein Ding unmöglich."

Da ist Maria bereit. Sie glaubt dem Boten Gottes und sagt:
„Mir geschehe, wie du gesagt hast."

So wird Maria die Mutter Jesu.

- Kerze entzünden!

Danach will Maria ihre Tante Elisabet besuchen und schauen, was Gott Großes getan hat. Elisabet wohnt weit weg im Bergland von Judäa.

Da kommt Elisabet.

- Ein Kind kommt mit der Figur Elisabet nach vorn und stellt sich neben den Priester.

Maria macht sich auf den Weg zu ihrer Tante Elisabet.

Lied Maria macht sich auf den Weg (siehe S. 51)

- Zur 2. Strophe kommt ein Kind mit der Figur Maria langsam den Mittelgang entlang nach vorn und stellt sich auch neben den Priester.

Verkündigung des Evangeliums

Hören wir, was geschieht:

Maria grüßt Elisabet. Da sagt Elisabet:
„Als ich deinen Gruß hörte,
da hüpfte das Kind vor Freude in meinem Schoß.
Gebenedeit, gesegnet bist du unter allen Frauen
und gebenedeit, gesegnet ist die Frucht deines Leibes, das Kind, das du in deinem Leib trägst.

Maria, wer bin ich, dass du, die Mutter meines Herrn, zu mir kommst?
Selig bist du, weil du geglaubt hast, dass sich erfüllt, was Gott dir sagen ließ."

Elisabet erkennt es, sie weiß: Maria trägt das Jesuskind in ihrem Leib. Maria ist die „Mutter meines Herrn."

- Beide Figuren auf den Weg stellen.
- Die Kerze wird zwischen die beiden Figuren gestellt.
- Kinder gehen auf ihre Plätze zurück.

Auslegung und Weiterführung

Maria bleibt einige Zeit bei Elisabet, dann geht sie den Weg aus dem Bergland von Judäa wieder zurück nach Nazaret.

- Kerze auf den Weg stellen.

Sie geht den beschwerlichen Weg.
Trocken ist der Weg, der Wald so dürr – Dornengestrüpp – der Weg ist schwer.

Da erzählt ein altes Lied:

- Rose holen

Als Maria durch den Dornwald ging, der hatte in sieben Jahrn kein Laub getragen, da haben die Dornen Rosen getragen.

- Rose in die Landschaft stellen
- nachklingen lassen

Als Maria durch den Dornwald ging, als sie Jesus durch den dürren Wald getragen, Jesus, der allem das Leben gibt – da haben die Dornen Rosen getragen. Jesus, der wie das Licht ist und Wärme bringt – da haben die Dornen Rosen getragen. Jesus, der die Quelle des Lebens ist – da haben die Dornen Rosen getragen. Jesus, der die Liebe bringt, damit wir leben – da haben die Dornen Rosen getragen.

Lied Maria durch ein' Dornwald ging (3 Strophen GL S. 224)

Fürbitten

- Zu jeder Fürbitte wird eine Rose in die Landschaft getragen.

P. Maria trägt verborgen das Jesuskind in die dürre, trostlose Welt.
Jesus, wenn du kommst, beginnt neues Leben. Zu dir rufen wir:

Komm, Herr Jesus

Text und Melodie:
Franz Kett

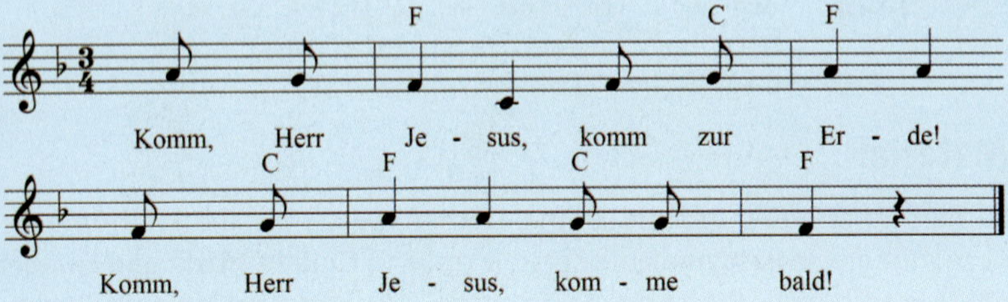

1. Für uns Kinder:
   Hilf uns, dass wir uns freundlich begegnen, kein anderes Kind auslachen und auch mit denen spielen, die wir nicht so gerne mögen.
2. Für unsere Familien:
   Lass uns gut und liebevoll miteinander umgehen.
   Lass uns deine Nähe spüren, auch wenn unser Weg schwierig ist.
3. Für die Alten, Kranken und Einsamen:
   Schenke ihnen Menschen, die sich auf den Weg zu ihnen machen und Zeit für sie haben.
4. Für alle, die unter Gewalt, Terror und Krieg leiden und für alle, die auf der Flucht sind: Schenke du Geborgenheit, Heimat und Frieden.
5. Für uns alle, die wir uns auf Weihnachten vorbereiten, auf dein Kommen: Öffne unser Herz für dich, dass wir dir den Weg bereiten und einander in Liebe begegnen.

P. Jesus, du bist das Leben und das Licht der Menschen. Wir danken dir, dass du kommen willst. Dir sei Lob und Ehre in Ewigkeit. Amen.

Dank Seht, die gute Zeit ist nah

Text: Franz Kett
Melodie: aus Tschechien

Material

Tücher: 2 braune; 2 größere Steine, Dornenzweige; für die Erfahrung der Begegnung eine Rose und eine Kerze; (Krippen-) Figuren Maria und Elisabet; große Rose, 5 kleine Rosen für die Fürbitten; Jesuskerze vor der Stadt, Docht

Stroh und Stern

Wortgottes-Feier zum 4. Advent mit Schulkindern

P. Meinulf Blechschmidt

Hinführung

Zwei elementare Zeichen: Stroh und Stern sind in diesem Gottesdienst wichtig. Sie sind vielfach bekannt oder übersehen und doch in unserer Anschauung ein Kontrast zu all dem, was in der Schule, auf dem Weihnachtsmarkt, an den Fenstern und in den Wünschen der Kinder da ist.

Die erste Erfahrung ist das Hinschauen auf das Stroh, dazu das Rascheln und Knistern. Das lässt still werden. Wenn die Kinder hineinfassen, kommen sie dem Stroh nochmals näher. Es sammelt, sie werden still, sie fragen sich: Was wird noch kommen?

Das differenzierte Erinnern und Träumen vom Feld, vom Wachsen und Ernten, von der Frucht, vom Wind und den sich beugenden Ähren führen die Kinder in die Einfachheit des Lebens. Das aber führt auch hin zu uns Menschen, zu sich selbst, da wir mit diesen elementaren Zeichen Verbindungen zu unserem Leben knüpfen: satt werden oder hungern, wachsen und geknickt werden, ausgebeutet sein, unachtsam mit anderen umgehen, stolz da stehen und weggestoßen, weggeworfen, ausgelacht, ausgebeutet, links liegen gelassen, überflüssig werden – das kennen unsere Kinder.

Die zweite Erfahrung ist der Stern. Mit Sternen ist der Advent überreich gesegnet. In welchen Formen und Farben, blinkend und glänzend! Sterne leuchten in den Straßen und Fenstern, in den Kaufhäusern – und auch noch am Himmel.

» elementares Zeichen: Stroh und Stern

Zweierlei kommt im Advent für Weihnachten zusammen: das gedroschene Stroh auf der Erde, geknickt und übrig, und der große Stern am Himmel, der weithin leuchtet. Er verkündet da oben am Himmel von der Geburt Jesu da unten im Stall.

Jesus kommt zu dir – der du wie Stroh sein kannst. Das ist die Botschaft für alle Menschen.

Jesus kommt in die Armut deines Lebens und zu vielen Menschen rund um die Erde, die unter demselben Himmel wohnen.
Jesus leuchtet dir, er zeigt dir den Weg, er ist dein Licht. Er ist der Morgenstern, der nicht mehr untergeht, wenn der Stern am Himmel längst verblasst ist.

Bei all den Geschäften und Geschenken, bei allem Glanz und Glitzern, soll diese Botschaft verkündet werden, damit sie das Herz berührt, uns froh macht, den Weg in die Zukunft mit Gott zeigt.

Diese Wortgottes-Feier führt in die Mitte der Weihnachtsbotschaft, sie führt auch in die Mitte des eigenen Herzens. Sie nimmt unsere Sehnsucht wahr, bringt sie in die Erfahrung und zur Sprache. Kinder und Lehrer/innen vergessen über diesen einfachen Weg für eine Stunde allen Rummel, das Feiern und Habenwollen. Sie sind einfach da, um Jesus zu erwarten, der das Arme reich macht.

Feier

Eingang Wir sagen euch an (GL 223)

Begrüßung

Die Weihnachtsferien beginnen.
Wenn wir uns Wiedersehen, ist Weihnachten vorbei.
Jetzt, in diesem Gottesdienst, wollen wir noch einmal hinschauen:
Was passiert denn in den nächsten Tagen?
Was ist das mit Weihnachten, wo wir so viele Wünsche haben,
wenn die Menschen rennen und kaufen, Lieder singen,
wenn sie überall Lichterketten aufhängen,
wenn sie sich Karten schreiben und Päckchen verschicken.

1. Wir entdecken Stroh

- Stroh, in ein gelbes Tuch eingeschlagen, wird auf den Altar getragen und aufgedeckt.

Was sehen wir? Stroh auf dem Altar, nur Stroh.

- P. fasst hinein. Er lässt das Stroh rascheln.

Wir können die Augen zufallen lassen und nur hören, wie es raschelt. ... Es raschelt, als wollte es uns etwas sagen.

Wir sehen Stroh und können doch an manches denken, was sich damit verbindet.

▸ In der Gestik eine wachsende Ähre zeigen.

Stroh – da denke ich an das Korn auf dem Feld, wie es gewachsen ist, gereift. (Und vieles andere benennen: Aussaat, mähdreschen, die Körner mahlen, Brotteig kneten, Sonne und Regen, arme Leute, die darauf schlafen, Stall, große Ballen auf dem Feld ...)

▸ Vase mit langen Halmen wird dazu gestellt.

Da stehen die vollen Halme. Das Korn ist gewachsen, gereift. Es steht in seiner Fülle da.
So vieles kann uns einfallen, wenn wir nur das kleine Häufchen Stroh sehen und hören.

▸ P. sucht einen gedroschenen Halm und zeigt die leere, gedroschene Ähre.

Das hier war einmal auch eine volle Ähre, die langsam gewachsen, in der Sonne gereift war, sich im Wind bewegte. Jetzt ist sie leer.
Wer hat sie geerntet?
Wer hat die Körner herausgeschlagen, gedroschen?
Wer ist von den Körnern satt geworden?

Und jetzt? Was ist übrig? Wozu taugt diese gedroschene Ähre noch?

2. Das Stroh kann von uns und unserem Leben reden

Kyrie

Von Schülern vorgetragen:

1. Herr Jesus, wir sehen das Stroh.

   Wir denken an die gelben Felder im Sommer.
   Der Bauer konnte ernten,
   und wir haben zu essen, wir werden satt.

   Wir danken dir.
   Wir wissen aber auch, nicht alle werden satt.
   Menschen hungern nach dem täglichen Brot.

Ruf

2. Herr Jesus, wir sehen das Stroh.

Die Ähren sind leer, die Halme geknickt.
Wir denken an die Menschen, die Schweres erleben, die geknickt sind, die ausgenutzt oder ausgebeutet werden.

Auch wir gehen mit Mitschülern nicht immer gut um.
Machen wir nicht manchmal andere klein?

Ruf

3. Herr Jesus, wir sehen das Stroh.
Es taugt zu nichts mehr, es ist übrig geblieben.

Wir denken an die Kinder, die weggestoßen werden, die niemand mag, die darum traurig sind.

Auch wir sagen manchmal zueinander:
Hau ab, ich brauche dich nicht. Ich mag dich nicht.

Ruf

Lied Bereitet den Weg (RPP 2010/4, S.19)

3. Wir schauen einen Stern

Ich will euch noch etwas zeigen.

- Drei Kindern werden schwarze Tücher gegeben. P. nimmt selbst eines, um die Kinder zu führen. Die Kinder entfalten die Tücher, ziehen damit langsam nach vorn und legen sie rechts und links neben das Stroh ab.

Es wird dunkel, die Nacht zieht herauf.

Imagination

- Glockenspiel

Die Sonne geht unter, die Schatten werden länger, der Himmel wird dunkelrot, dann blass. Die Nacht zieht herauf.

Wir gehen einmal hinaus vor das Dorf, in die Nacht. Es wird still ...
Ich schaue um mich. Der Weg ist dunkel geworden. Die Bäume sind schwarz. Kein Wind bewegt die Blätter.

Ich schaue in die dunkle Nacht.

Ich schaue zum Himmel empor.
Da leuchtet ein Stern auf, der Abendstern. – Heller Ton des Glockenspiels.

Da noch ein Stern. ... und wieder einer, ... Stern um Stern ...

Wenn es ganz dunkel ist (evtl. Augenschluss), dann entdecke ich viele Sterne, ich schaue nach vorn und nach hinten, nach rechts und links, überall Sterne am weiten Himmel in der dunklen Nacht, kleine funkelnde Lichter.

Kann ich die Sterne zählen?
Ich könnte denken: Der Himmel ist wie ein Zelt, und ich stehe in der Mitte.

Ich darf das alles schauen. Wie groß ist der Himmel?
Wie groß ist Gott, der sie alle geschaffen hat?

Wenn es Morgen wird, verblassen die Sterne wieder.
Wir kommen langsam zurück.
Wir sehen sie nicht mehr. (Augen wieder öffnen)

Die Sterne gehen auf, sie leuchten in der Nacht.
Sie scheinen still am Himmel zu stehen, als wären sie ewig.
Wir wissen: Die Sterne ziehen still ihre Bahn.

4. Ein großer Stern zieht seine Bahn

- Ein größerer Strohstern wird an einem Faden hängend im Chorraum getragen, von einer Seite zur anderen. Evtl. kann ein Kind den Stern tragen oder eine Katechetin.
- Während der Stern wandert, erklingt etwas Musik mit der Harfe oder dem Glockenspiel.
- Während des Tragens, während der Stern wandert, spricht der Tragende oder die Katechetin einige Sätze über den Stern.

Sprecher, z. B.

Die Menschen schauen auf den Stern.
Sie folgen ihm.
Er ist weit weg und leuchtet doch bis zu uns.
Er wandert mit uns.
Am Abend schaut er in unser Fenster.
Wie alt ist er wohl?
Wie viele Menschen hat der Stern schon gesehen?

P. (Sternträger) übernimmt den Stern.

Wir haben den großen Stern gesehen, wir sind ihm mit dem Blick gefolgt. Was erzählt er uns?
Er könnte sagen:

Ich leuchte nicht allein, viele Sterne leuchten in der Nacht.
Fürchte dich nicht!
Ich mache die Nacht hell.
Ich zeige dir den Weg.
Ich bin weit weg und leuchte bis zu dir.
Ich gehe mit dir.
Die Menschen freuen sich, wenn sie mich in der Nacht sehen.

Und wenn ein großer Stern aufleuchtet, anders als alle anderen, den niemand vorher gesehen hat, dann fragen die Menschen: Was bedeutet das? Gibt es Krieg oder Frieden? Wird ein neuer König geboren?

5. Verkündigung der adventlichen Verheißung

Der Stern erinnert uns auch an Jesus und das Fest seiner Geburt.

Als Jesus geboren wurde, da leuchtete auch ein Stern auf.

- Der große Stern wird an einen schmalen, langen (Bambus-)Stab, der schon beim Stroh steht, aufgehängt.

Mitten in der Nacht

Text und Melodie:
Franz Kett

Verkündigung Jes 9

Das Volk, das im Dunkel lebt, sieht ein helles Licht;
über denen, die im Land der Finsternis wohnen, strahlt ein Licht auf.
Du erregst lauten Jubel und schenkst große Freude.

Man freut sich in deiner Nähe, wie man sich freut bei der Ernte,
wie man jubelt, wenn Beute verteilt wird.

Denn uns ist ein Kind geboren, ein Sohn ist uns geschenkt.
Die Herrschaft liegt auf seiner Schulter; ...
man nennt ihn Fürst des Friedens.
Seine Herrschaft ist groß, und der Friede hat kein Ende.

Ruf Mitten in der Nacht

Kurzes Wort der Auslegung

Da ist die Welt so dunkel.
Ein Volk sitzt im Dunkel. Es hat keine Hoffnung, keine Zukunft.
Was wird morgen werden?
Sind wir nicht manchmal auch ohne Lust und Laune.
Wir sind allein. Niemand schaut uns an.
Dann wird es in uns dunkel, im Herzen.

Und doch ist da auch ein Staunen und Fragen: Wie groß und weit ist der Himmel?
Menschen schauen über sich hinaus. Sie spüren: Wir sind nicht das Ganze.
Es gibt noch etwas Größeres.
Sie fragen nach Gott, nach dem Licht. Sie fragen nach Morgen.
Wann geht ein Licht auf? Wann endet die Nacht?

Da geht ein großer Stern auf.
Da bewegt sich der Himmel.
Ein helles Licht leuchtet in die Dunkelheit.

Großes wird gesagt:
Ein Kind wird geboren. Das Kind wird Herrscher und König sein.
Der Friede hat kein Ende.

Wo wird das sein? Wo ist der Ort? In welchem Land soll das sein?
Wohin wandert der Stern?

Er wandert nach Betlehem, zum Stall.
Er steht über dem Stroh. Was taugt das Stroh schon?
Nichts, leer ist es. Da kann man nur sagen: „Weg damit! Überflüssig, vorbei."

Doch der Stern bleibt gerade da stehen.
Er leuchtet genau dort.

Der Himmel öffnet sich dort, wo alles dunkel ist.

Er bleibt dort stehen, wo wir nicht weiter wissen.

Er leuchtet, wo wir ein finsteres und trauriges Gesicht machen.
Er lässt uns staunen, wo wir denken, niemand mag uns.

Dort geht ein Licht auf.

- Kerze entzünden und in das Stroh stellen.

Weihnachten – die Frohe Botschaft: Gott kommt.
Als Kind wird er geboren.

Der Größte macht sich klein, der Höchste kommt herunter.
Der Reichste an Herrlichkeit kommt ins arme Stroh.
Gott kommt zu uns. Jesus ist da.

Etwas Neues beginnt, das kein Mensch ahnt.
Wenn wir wie Stroh sind, geknickt und traurig,
wenn wir etwas weggeben sollen und nicht festhalten,
wenn wir teilen sollen und es uns schwerfällt,
genau dann geht ein Licht auf: Jesus kommt.

6. Fürbitten

- Einige Schüler beten vor, andere stellen ein Licht in die Dunkelheit.

1. Jesus, du bist der helle Stern, der aufgeht und die Dunkelheit vertreibt.
   Zeig uns auch den Weg zueinander.

- Zu jeder Fürbitte eine Kerze in die Dunkelheit, auf die schwarzen Tücher, stellen.

KV Komm, Herr Jesus, lass es heller werden. (Melodie siehe S. 17)

2. Du machst uns froh, du gehst alle Wege mit uns.
   Geh mit allen Kindern, die krank sind und Hunger haben,
   die allein sind ohne Eltern.

KV Komm, Herr Jesus, lass es heller werden.

3. Du nimmst die Angst und machst uns hell.
   Vertreib den Krieg aus den vielen Ländern.
   Gib den Menschen überall den Frieden.

KV Komm, Herr Jesus, lass es heller werden.

4. Du leuchtest in unserer Mitte.
   Lass uns an Weihnachten vor lauter Geschenken nicht vergessen,
   dass du für uns geboren bist als das größte Geschenk.

KV Komm, Herr Jesus, lass es heller werden.

5. Du kommst zum armen Stroh im Stall.
Gib uns einen Blick für die Armen und für die Menschen in Not.

KV Komm, Herr Jesus, lass es heller werden.

6. Du kommst dorthin, wo die Halme geknickt und gebrochen sind.
Hilf uns, dass wir keinen Menschen beiseite schieben und verachten.

KV Komm, Herr Jesus, lass es heller werden.

7. Lied und Tanz

Seht, die gute Zeit ist nah (siehe S. 44)

Für Tanz-Gestaltung siehe die Einheit in diesem Heft: „Ein Licht leuchtet auf." (siehe S. 18)

8. Vaterunser

9. Segen

Gott, unser Vater im Himmel, er halte seine Hand über euch und schütze euch.

Jesus Christus, Gottes Sohn, der uns geboren wird,
er leuchte euch und vertreibe alle Dunkelheit und Angst.

Gott, der Heilige Geist, führe euch und schenke euch den Frieden.
Er mache euer Herz froh.

Das gewähre euch der dreifältige Gott,
der Vater und der Sohn und der Heilige Geist.
Amen.

Lied Tragt in die Welt nun ein Licht

Material

Stroh in ein gelbes Tuch eingeschlagen; Vase mit einigen langen Ähren; 4 schwarze Tücher; ein großer Strohstern an einem Faden, Stab zur Befestigung; 6 Lichter für die Fürbitten; Glockenspiel; Texte

Der Weg nach Betlehem

Weihnachtsfeier für die Familie oder für den Kindergarten

Sr. Esther Kaufmann

Hinführung

Auf Anregung von jungen Eltern haben wir in unserer Seelsorgeeinheit mit einer Familienkatechese begonnen. Eltern fragten: Wie können wir in der Familie mit unseren Kindern den Glauben leben und sichtbar machen? Eine sehr weite Frage. Wie können wir die Feste sichtbar machen, feiern? Wie erschließen wir bewusst den Weg zu Jesus? Wie sollen wir beten? Prägt unser Glaube unser Familienleben?

Wir treffen uns in recht regelmäßigen Abständen, um die Jahreszeiten und das Kirchenjahr in den Blick zu nehmen und darin Festzeiten, Brauchtum, Glaubensinhalte für die Eltern und ihre Kinder ganzheitlich zu erschließen. Was vielleicht noch gewusst wird oder überliefert schlummert, soll wieder lebendig werden. Manchmal ist es wie Neuland.

» Weihnachtsfeierstunde

Besonders gerne kommen die Eltern, wenn die Weihnachtsgeschichte erzählt wird. Dieses Treffen ist eine Feierstunde, die zunächst einfach den Eltern guttut. Wir gestalten sie anders als andere Weihnachtsfeiern. Sie führt uns in die Stille, gibt Anregungen für die Gestaltung des Heiligabends zu Hause in der Familie. Sie greift auch den Weg durch den Advent auf. Weihnachten wird also vorbereitet.

Viele Eltern besuchen am Heiligabend die Kinderchristmette, eine Krippenfeier für Kinder, danach ist zu Hause die Bescherung, das Christkind kommt. Das Weihnachtsevangelium soll einen festen Platz in der Familie bekommen. Diese Botschaft führt uns zusammen, Eltern bezeugen es den Kindern. Gott wird Mensch in unserer Mitte.

Auch in unseren Kindergärten erzählen die Erzieherinnen die Weihnachtsgeschichte, da viele Kinder diese nicht mehr zu Hause hören, wenn auch Baum und Krippe in den Wohnungen aufgestellt werden.

Man kann durch den Advent einen Weg gestalten und langsam die einzelnen Geschichten aufbauen. Ebenso kann man in der Familie einen Platz bereiten, um dort die Krippenlandschaft mit den Erzählungen entstehen zu lassen.

Falls keine Krippenfiguren vorhanden sind, könnte man auch die Bilder aus der Bildmappe, die zu dieser Ausgabe erscheint, verwenden. Sie sind eigens dafür gemalt.

Gestaltung

1. Wir bauen eine Landschaft: das Land Israel

- Vier Gazetücher in den Farben grün, braungrün, ocker, braun in der Mitte ausbreiten.

Wir gehen in das Land Israel.

Im Land Israel gibt es viele Hirten, die draußen auf dem Feld sind mit ihren Schafen. Sie haben einen Stall, wo sie manchmal übernachten und die kleinen Schafe in das Stroh legen.

- Stall bauen
- Schafe in die Landschaft stellen
- große und kleine Hirten dazustellen

2. Jerusalem

Im Land Israel gibt es eine prächtige Stadt: Jerusalem. Dort regiert Kaiser Augustus.

- Stadt bauen mit goldenen Klötzen und goldenen Kugeln, eine kleine (runde) gelbe Decke und mit einer großen Krone in der Mitte

3. Nazaret

Im kleinen Dorf Nazaret sind einfache Häuser.

- ein dunkelrotes Tuch als kleines Haus hinlegen

4. Betlehem

Wir bauen eine kleine Stadt – die Stadt Betlehem.

Betlehem ist eine Königsstadt, dort wohnte einst der König David.

Wir bauen eine kleine Stadt – die Stadt Betlehem.

- Klötze – Dächer – Kugeln
- ein Samttuch – eine kleine goldene Krone

5. Josef und Maria

Josef und Maria wohnen in einem kleinen Haus in Nazaret.

- Figuren: Maria und Josef hineinstellen
- Gong anschlagen

Maria hat vom Engel eine Botschaft gehört: Du sollst ein Kind empfangen und die Mutter Jesu werden, und Maria sagt: Ja, ich bin bereit.

- Gong anschlagen

Auch Josef hat im Traum eine Botschaft gehört: Josef, nimm Maria als deine Frau zu dir, denn das Kind, das sie trägt, kommt von Gott.
Nun wohnen beide in Nazaret in einem kleinen Haus.

6. Kaiser Augustus

Der Kaiser Augustus erlässt einen Befehl:

- Trommelwirbel

Alle Leute müssen sich eintragen lassen, jeder muss in seine Heimatstadt gehen. Der Kaiser will alle Menschen zählen.

- Trommelwirbel

Da machen sich viele Menschen auf den Weg. Jeder geht in seine Heimatstadt. Viele Menschen sind unterwegs. Große und Kleine, Alte und Junge, Arme und Reiche. Manche gehen schnell.

- schnelle Schritte

Manche gehen langsam.

- langsame Schritte

Auch Maria und Josef machen sich auf den Weg. Josef stammt aus dem Hause Davids. Seine Heimatstadt ist Betlehem. Maria erwartet ein Kind.

- Holzblocktrommel
- Maria und Josef mit dem Esel auf den Weg stellen

Als sie nach Betlehem kommen, bleiben die Türen verschlossen.

- Ein schwarzes Tor wird vor die Stadt gelegt.

7. Herbergssuche

Lied Der Kaiser hat befohlen (siehe RPP 2012/3, S. 33)

Maria und Josef müssen hinaus aus der Stadt in einen Stall. Dort können sie bleiben.

- Stall – Ochs und Esel
- Futterkrippe
- Figuren in den Stall stellen

8. Hirten auf dem Feld

In jener Gegend, um die Stadt Betlehem sind Höhlen, Wiesen und Felder.
Dort sind die Hirten und weiden ihre Schafe.
Die Hirten sind einfache Leute, sie ziehen mit ihren Herden langsam von Ort zu Ort. Sie sind unterwegs.
Sie sorgen sich um ihre Schafe, sie führen sie und hüten sie.

Jetzt zieht die Nacht herauf.

- Schwarze Tücher werden um die obere Landschaft gelegt.

Die Hirten entzünden ein Feuer, das sie wärmt und die wilden Tiere verscheucht.

- Kleines Feuer wird mit roten, gelben und orangen Bändern gelegt.

Die Hirten kommen zusammen am Feuer, auch die Schafe sind dicht beisammen.

- Hirten und Schafe werden langsam zusammengestellt.

Dann schauen sie in die dunkle Nacht.

Da beginnt ein alter Hirte zu erzählen: Gott sagt: Ich vergesse euch nicht.
Ich werde euch einmal den Heiland senden, den Retter.

Ruf: Feuer in der Nacht (Text und Melodie: Franz Kett)

2) Feuer in der Nacht, Hirten halten Wacht,
und ein Hirte spricht: Gott verlässt uns nicht.

3) Feuer in der Nacht, Hirten halten Wacht,
und ein Hirte spricht: Gott schickt uns ein Licht.

Der Heiland wird kommen, er wird sich um euch kümmern, er wird euch Leben schenken.

Ruf: Feuer in der Nacht

Ihr werdet keine Angst mehr haben. Ihr werdet Frieden haben und gute Weide finden.

Ruf: Feuer in der Nacht

9. Jesus wird geboren

Jene Nacht, in der die Hirten wachen, ist eine besondere Nacht. Es ist die heilige Nacht. In dieser Nacht leuchtet am Himmel ein großer Stern.

- Ein Stern wird über dem Stall aufgehängt.

In dieser Nacht wird von Maria das Kind geboren.
Maria wickelt es in Windeln und legt es in eine Krippe, weil in der Herberge kein Platz für sie war.

- Jesuskind wird in die Krippe gelegt.
- Eine Kerze wird dazu gestellt.

10. Verkündigung an die Hirten

Ein Bote Gottes, ein Engel, erscheint.

- Engel auf den Holzblock stellen
- Glockenspiel

Die Hirten erschrecken und fürchten sich.
Der Engel aber sagt: „Fürchtet euch nicht!
Ich verkündige euch eine große Freude.
Heute ist euch der Retter geboren in der Stadt Davids, in Betlehem.
Er ist der Heiland, der Herr.
Und das soll euch ein Zeichen sein:
Ihr werdet ein Kind finden, das in Windeln gewickelt in einer Krippe liegt."

Und plötzlich sind viele Engel da, sie singen:
„Ehre sei Gott in der Höhe und Friede den Menschen auf Erden!"

Die Hirten aber sagen zueinander: „Kommt, lasst uns nach Betlehem gehen, um zu sehen, was Gott uns verkünden ließ!"
Sie stehen auf und eilen nach Betlehem.

- Hirten werden um die Krippe gestellt und auch die Schafe dazu.

Als sie zum Stall kamen, fanden sie Maria und Josef und das Kind und beteten es an:

> Du bist der Heiland, du bist unser Retter,
> wir haben dich gern.

Und als sie wieder heimgingen, überlegten sie, was sie dem Kind morgen mitbringen könnten.

Geschichte: Das besondere Geschenk

Es war bitterkalt. Die Hirten wärmten sich am Feuer. Die Nachricht vom neugeborenen König beschäftigte sie. Sie möchten ihn sehen, von dem sie Rettung und Frieden erwarten.

Auch der kleine Hirte Philipp tritt näher und hört zu. Sie überlegen, was sie dem Kind in Betlehem schenken können. Aber wer bleibt bei den Schafen? Die können sie doch nicht alleine lassen!

Da kommt einer der Hirten auf die Idee: Der muss dableiben, dessen Geschenk am leichtesten ist.

Sie stellen eine Waage bereit. Einer bringt einen Krug mit Milch und legt noch einen Käse dazu. Ein anderer bringt einen Korb mit duftenden Äpfeln. Der dritte schleppt ein Bündel Holz herbei, damit sich alle im Stall wärmen können.

Bleibt nur noch der kleine Philipp übrig. Philipp hat nur eine Laterne mit einem winzigen Licht. Das wiegt nicht viel. Er überlegt. Dann aber steigt er mit der Laterne in der Hand auf die Waage und sagt: „Ich komme als Geschenk hinzu. Der neugeborene König wird vor allem welche brauchen, die sein Licht weitertragen." Es wird still ums Feuer.

Die Hirten schauen nachdenklich auf den kleinen Philipp. Sie denken über seine Worte nach. Sie spüren: Der darf auf keinen Fall zurückbleiben.

(Quelle unbekannt)

Bilder der Bildermappe

Christel Holl

Es soll geschehen, was du sagst

Maria eilt zu Elisabet

Josef schläft

Maria und Josef gehen nach Betlehem

Jesus wird geboren

Hirten auf dem Feld

Drei Könige folgen dem Stern

Jesus wird in den Tempel getragen

Kurse und Fortbildungen

Auf dem Weg der „Religionspädagogischen Praxis – RPP“

Kurse

Thema:	**Besinnungstage**
Termin:	Dienstag, 20. November 2018: „Stille Zeit“ – Wege in die Stille Mittwoch, 28. November 2018: „Bereitet den Weg“ – Gott will kommen
Beginn:	jeweils um 10.00 Uhr bis gegen 17.00 Uhr
Kosten:	je Tag 40,– € (Kursgebühr und Verpflegung)
Thema:	**Seminartag: Eucharistiekatechese mit einem neuen Familienbuch – Für alle, die eine Vorbereitung für dieses Sakrament mit Eltern und Kindern zusammen gestalten wollen**
Termin:	Mittwoch, 23. Januar 2019
Beginn:	10.00 Uhr bis ca. 17.00 Uhr
Kosten:	40,– € (Kursgebühr und Verpflegung) Übernachtung vorher oder hinterher ist möglich.
Thema:	**Seminartag zur Taufkatechese:** **Theologische Grundlegung und praxisorientiert, um Eltern und Paten den Zugang zur Taufe zu erschließen**
Termin:	Mittwoch, 13. Februar 2019
Beginn:	10.00 Uhr bis 17.00 Uhr
Kosten:	40,– € (Kursgebühr und Verpflegung) Übernachtung möglich
Thema:	**2 Seminartage: Mit Kindern den Weg durch die Fastenzeit gehen Jesus bringt uns neues Leben – Die Spuren des Lebens entdecken** – *Anschauungen – Geschichten – biblische Geschichten* –
Termin:	Donnerstag, 07. Februar 2019, und Freitag, 08. Februar 2019 Jeder Tag kann einzeln belegt werden.
Beginn:	jeweils 10.00 Uhr bis ca. 17.00 Uhr
Kosten:	je Tag 40,– € (Kursgebühr und Verpflegung) Für 2 Tage mit Übernachtung und Verpflegung total 120,– €.
Thema:	**Besinnungstage zur Fastenzeit**
Termin:	Freitag, 15.03.2019 und Donnerstag, 21.03.2019
Beginn:	jeweils 10.00 Uhr bis ca. 17.00 Uhr
Kosten:	je Tag 40,– € (Kursgebühr und Verpflegung)
Thema:	**Exerzitien: „Ich will hören, was Gott redet“**
Termin:	Dienstag, 21.05.2019, ab 15.00 Uhr bis Samstag, 25.05.2019, Frühstück
Kosten:	320,– € (Kursgebühr und Verpflegung)

Multiplikatorenkurs

Referenten:	Sr. Esther Kaufmann & P. Dr. Meinulf Blechschmidt, Spabrücken
Ort:	Kloster Spabrücken, Klosterstr. 7, 55595 Spabrücken
Kosten:	300,– €/Intervall (Kursgebühr, Verpflegung, Übernachtung) **Der Kurs umfasst 5 Intervalle, im halbjährigen Rhyhtmus, von Dienstag 15.00 Uhr bis Freitag, 12.00 Uhr.**
Beginn:	1. Intervall von Di 20.08., 15.00 Uhr, nur bis Do 22.08.2019, Mittag
Kosten:	220,– €
Anmeldung:	Sr. Esther Kaufmann, Kloster, 55595 Spabrücken E-Mail: esther@kloster-spabruecken.de, Tel. 06706-961004, Fax 06706-960099, www.kloster-spabruecken.de

Hinweis:	**Tageskurse nach Absprache** Da wir ab Herbst unser Gästehaus renovieren, halten wir vor allem Tagesseminare. Wir vereinbaren gern nach Absprache Termine für Gruppen und Teams der Pfarreien und Kitas.

MitarbeiterInnen dieser Ausgabe:

Schwester Esther Kaufmann, Spabrücken, verantwortlich für die „Schwestern vom Gemeinsamen Leben", tätig in der Kinderpastoral und Sakramentenkatechese, Exerzitienkurse, Begleitung von pastoralen Gruppen in den Pfarreien

Pater Dr. Meinulf Blechschmidt, Spabrücken, Pfarrer einer Seelsorgeeinheit, engagiert in der Sakramentenkatechese für Kinder und Jugendliche, Erwachsenenkatechese, Exerzitienbegleitung

Familiengottesdienstkreis Spabrücken-Wallhausen

Titelbild und Bilder aus der Bildermappe: S. 61–62 **Christel Holl**, Rastatt

Fotos: 18, 21, 22, 24, 29–34, 39, 40, 42 Frank Sondenheimer, Spabrücken
7–13, 20, 26, 37, 41, 42, 46–60 Meinulf Blechschmidt, Spabrücken

Notensatz: Johannes Kindl, Landshut, RPA-Verlag

Schriftsatz: iD Atelier GmbH, www.idatelier.de

Die **BILDERMAPPE** zu diesem Heft enthält 8 Bilder von Christel Holl mit Texten von Sr. Esther Kaufmann

Titel der nächsten RPP-Ausgabe von Sr. Esther Kaufmann, Pater Meinulf Blechschmidt und anderen: Wer ist der Größte? Ein Weg durch die Fastenzeit.

Arbeitsmaterialien

Ergänzend zu diesem Heft erscheinen

Bildermappe
„Wir warten auf das Licht“
mit 8 Bildern, Texten und Gebeten

Handbild
Titelbild des Heftes
(14,5 x 14 cm)

NEU

Bibelfiguren Weihnachten

Nikolaussäckchen

Passend zum Thema

Lasst uns gehen nach Betlehem

Ich freu mich schon auf Weihnachten

Nikolaus-CD

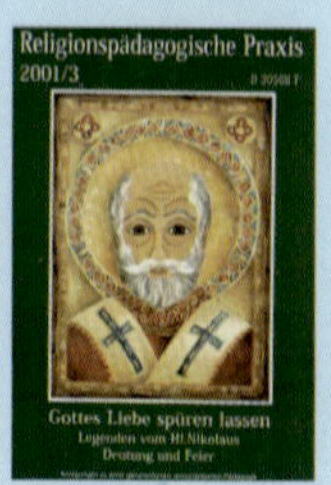

Heft 3/01 Nikolaus

Jahreskreis

Coupon

Bitte kopieren und faxen: 0871/739 96

- __ Handbild 4/2018 „Wir warten auf das Licht“ Best.-Nr. 1173 € –,35
- __ Bildermappe 4/2018 „Wir warten auf das Licht“ Best.-Nr. 9562 € 7,00
- __ CD: Der Hl. Nikolaus von Myra Best.-Nr. 7046 € 6,45
- __ RPP-Heft 3/2001: Gottes Liebe spüren lassen Best.-Nr. 9292 € 5,00
- __ Ich freu mich schon auf Weihnachten (inkl. CD) Best.-Nr. 2192 € 19,95
- __ Lasst uns gehn nach Betlehem (inkl. CD) Best.-Nr. 2155 € 24,80
- __ Im Jahreskreis das Leben feiern Best.-Nr. 2550 € 34,95
- __ Bibelfiguren Hl. Familie Best.-Nr. 6342 € 209,00
- __ Bibelfigur Hirte Best.-Nr. 6343 € 85,00
- __ Bibelfigur Verkündigungsengel Best.-Nr. 6344 € 95,00
- __ Nikolaussäckchen (33 x 20 cm) Best.-Nr. 6345 € 2,60

Adresse

Name, Vorname ______________________

Straße, Nr. ______________________

PLZ, Ort ______________________

Telefon ______________________

E-Mail ______________________

RPA-Verlag GmbH, Gaußstraße 8, 84030 Landshut

www.rpa-verlag.de

Religionspädagogische Praxis – die Praxis-Fachzeitschrift für eine ganzheitliche Glaubensverkündigung bietet ErzieherInnen, LehrerInnen und MitarbeiterInnen in der Gemeindepastoral vielfältige Anregungen für die religionspädagogische Arbeit mit Kindern, Jugendlichen, Erwachsenen, Senioren – vielfach erprobt, praxisnah und sofort umsetzbar.

Religionspädagogische Praxis, das sind Jahr für Jahr mehr als 250 Seiten mit pädagogischen Beiträgen, Eutonie- und Rhythmikübungen, Rollen- und Identifikationsspielen, Tänzen, Liedern, Gedichten, Begriffs- und Assoziationsübungen, Betrachtungen, Anschauungen von Dingen, Erzählvorschlägen für Märchen, kindgerechten Texten von biblischen Heilserzählungen, Gottesdiensten, meditativen Texten und vielem mehr.

» Komplettiert wird die Religionspädagogische Praxis durch 4 Handbilder mit den Titelmotiven der Zeitschrift und durch 4 Bildermappen mit insgesamt mehr als 30 Farbbilder im Format DIN A4 in kreativ künstlerischer Ausführung.
NEU: Zusätzlicher Download (Bilddateien) erhalten Sie als QR-Code in der Bildermappe.

RPA-Verlag
Religionspädagogische Arbeitshilfen GmbH
Gaußstraße 8
84030 Landshut
Telefon (0871) 7 32 37
Fax (0871) 7 39 96
E-Mail: info@rpa-verlag.de

ISBN 978-3-86141-285-4